NIANZHANG CHUANGYEZHE
CHUANGYE DONGJI CHANSHENG WEIDU
JI YINGXIANG YANJIU

孔令卫 著

年长创业者
创业动机产生、维度及影响研究

中国财经出版传媒集团
中国财政经济出版社

图书在版编目（CIP）数据

年长创业者创业动机产生、维度及影响研究 / 孔令卫著. --北京：中国财政经济出版社，2022. 8

ISBN 978-7-5223-1608-6

Ⅰ. ①年… Ⅱ. ①孔… Ⅲ. ①创业-动机-研究 Ⅳ. ①F241. 4

中国版本图书馆 CIP 数据核字（2022）第 151318 号

责任编辑：谷兴华　　　　责任校对：胡永立
封面设计：卜建辰　　　　责任印制：党　辉

年长创业者创业动机产生、维度及影响研究
NIANZHANG CHUANGYEZHE CHUANGYE DONGJI CHANSHENG WEIDU JI YINGXIANG YANJIU

中国财政经济出版社 出版
URL：http：//www. cfeph. cn
E-mail：cfeph@ cfeph. cn

社址：北京市海淀区阜成路甲 28 号　邮政编码：100142
营销中心电话：010-88191522
天猫网店：中国财政经济出版社旗舰店
网址：https：//zgczjjcbs. tmall. com
北京财经印刷厂印刷　各地新华书店经销
成品尺寸：170mm×240mm　16 开　15. 5 印张　223 000 字
2022 年 8 月第 1 版　2022 年 8 月北京第 1 次印刷
定价：66. 00 元
ISBN 978-7-5223-1608-6
（图书出现印装问题，本社负责调换，电话：010-88190548）
本社质量投诉电话：010-88190744
打击盗版举报热线：010-88191661　QQ：2242791300

前　言

人口老龄化给经济和社会发展带来巨大挑战。随着人口老龄化程度的加剧，年长员工不断增加。职场中对年长员工的年龄歧视使得他们中的一部分人被迫创业。人口老龄化还造成适龄劳动力减少，养老服务价格连续稳定上涨，年长者需要有更高的储蓄水平才能应对未来高额的养老服务和医疗支出。而相较于年长员工，年长创业者参与经济活动的时间更长。年长者创业将成为积极应对人口老龄化的有效策略，也是改善年长者工作、生活质量，提高其应对未来生活不确定性能力的重要手段。同时，对由于企业性质和行业性质不得已需要辞退年长员工的企业来说，在提供“创业适应学习”的基础上，鼓励年长员工创业，将成为一种相对温和的裁员方式。然而，当前年长者创业领域的研究仍然十分有限。

本书通过回顾创业动机、年长创业者以及新创企业成长等相关领域研究，基于创业动机理论、自我实现理论、传承理论和社会认知理论，深入探究年长创业者创业动机产生、维度及其对新创企业成长的影响。主要探讨3个关键的理论问题：第一，年长创业者创业动机由哪些维度组成？第二，年长创业者创业动机是如何产生的？不同的影响因素如何导致了年长创业者不同的创业动机？第三，年长创业者创业动机对新创企业成长的作用机制是怎样的？随着创业活动的开展，年长创业者创业动机的变化对其企业成长产生怎样的影响？为了准确回答上述3个理论问题，本书运用定性和定量相结合的研究方法，展开了以下3个子研究：(1) 构建了年长创业者创业动机产生、维度及影响的动态过程模型。采用扎根理论方法“捕捉”年长创业者创业过程的关键心理和行为，建构年长创业者创业动机产生、维度及影响的动态过程。结果表明，年长创业者在角色榜样、政策环境和职业生涯发展受限（以下简称职涯发展受限）的影响下产生安全保障与子女发展动机；在创业资源、权力需要和成就需要影响下产生名利追求动机；在创业资源、创业效能感、权力需要和职涯发展受限影响下产生独立/自主动机；在创业效能感、成就需要、政策环境和职涯发展受限的影响下产生精神体验动机；在创业资源、成就需要和政策环境的影响下产生社会责任动机。年长创业者创业动机不同，其感知的创业障碍不同。感知创业障碍较强的创业者，企业成长绩效相对要差。员工导向使命感高的年长创业者即使感知的创业障碍较强，企业成长依然较好。(2) 验证了年长创业者创业动机维度结构及其影响因素。在扎根理论构建的理论模型的基础上，本书实证检验了年长创业者创业动机的维度结构及其影响因素。研究结果发现，年长创业者创业动机由安全保障与子女发展动机、名利追求动机、独立/自主动机、精神体验动机以及社会责任动机5个维度组成。角色榜样和职涯发展受限对安全保障与子女发展动机具有显著正向影响；成就需要对名利追求动机具有显著正向影响；创业资源、权力需要以及职涯发展受限对独立/自主动机具有显著正向影响；成就需要和政策环境对精神体验动机和社会责任动机具有显著正向影响。(3) 验证了年长创业者创业动机对新创企业成长的作用机制。在扎根理论构建的模型基础上，本书实证检验年长创业者创业动机对新创企业成长的作用机制。研究发现，具有名利追求动机、独立/自主动机和社会责任动机的年长创业者企业成长绩效较好，而具有安全保障与子女发展动机和精神体验动机的年长创业者企业成长绩效较差。创业障碍感知在年长创业者创业动机与新创企业成长之间起部分中介作用。员工导向使命感对创业障碍感知与新创企业成长之间的关系具有负向调节作用。

本书的创新点主要体现在：(1) 基于定性和定量相结合的研究方法，本书构建了年长创业者创业动机的新构思，推进了年长创业者创业动机领域的研究。(2) 本书建构了年长创业者创业动机产生、维度及其对新创企业成长影响的动态过程模型，这是对年长创业者创业动机传统研究路径的突破，推进了年长创业者创业动机效能机制的研究。(3) 本书将年长创业者创业优势与创业障碍相结合，这为当前多聚焦于年长创业者创业积极面的年长创业者创业领域注入了“新鲜血液”。(4) 本书采用阶段的、动态的方式探讨年长创业者创业动机，关注了创业过程中年长创业者创业动机的变化对其新创企业成长的影响。

本书研究结论对促进年长者开展创业活动和提高年长创业者企业成长绩效具有重要指导意义：(1) 重视年长者创业的价值和作用，鼓励年长者开展创业活动。(2) 重视年长者群体的异质性，有针对性地为年长者提供创业支持。(3) 关注“被离职”年长员工未来职业生涯发展，为他们提供“创业适应学习”。

2022 年 7 月

目　　录

绪　论

第一节 研究背景及问题的提出

一、研究背景

（一）现实背景

1. 人口老龄化程度加剧，导致年长员工不断增加。根据国家统计局《中华人民共和国2017年国民经济和社会发展统计公报》，2017年年底我国60周岁及以上老年人口为2.41亿人，占总人口的17.3%，65周岁及以上老年人口为1.58亿人，占总人口的11.4%。[①] 全国老龄工作委员会办公室（以下简称老年办）2018年2月26日召开的14部门联合开展人口老龄化国情教育新闻发布会上公布2017年新增老年人口首次超过1 000万人。预计到2050年前后，我国老年人口数量将达到4.87亿人的峰值，占总人口的34.9%。老年人口总量在未来相当长时间的不断增加意味着尚处于工作岗位的年长员工的数量必定会先出现不断增加的局面（胡丽红，2017）。2021年3月12日公布的“十四五”规划和2035年远景目标纲要明确提出，按照“小步调整、弹性实施、分类推进、统筹兼顾”等原则，逐步延迟法定退休年龄，这也会导致职场中年长员工不断增加。

很多企业把年长员工界定为激情耗尽、斗志不足、不思进取、技能退化、能力受限、难以创新、业绩增长率低的人群，在一些知识和技术密集型的企业年长员工会遭遇到职场天花板，甚至达到“被离职”的地步（胡丽红，2017）。“被离职”的年长员工再找工作也是困难重重。企业一般不愿意招聘40岁以上的人，而年长员工在多年的职业生涯中多已积累了一定的工作经验，对工作往往有较高的要求，这均导致年长员工难以找到理想

---

① 中华人民共和国国家统计局：《中华人民共和国2017年国民经济和社会发展统计公报》，http：//www.stats.gov.cn/tjsj/zxfb/201802/t20180228_1585631.html。

的工作。另外，尽管个体在40岁以后要扮演多种角色，从而承受着沉重的责任（戴安娜、萨莉和露丝，2013），但是绝大多数40岁以上的个体都能应付上述种种责任和角色（Lachman，2001、2004）。所以，他们会重新评估自己的目标和抱负（Lachman，2004），有的开始追求全新的、更具挑战性的目标（戴安娜、萨莉和露丝，2013），而有的对自由和独立的渴望更加强烈（Lachman，2001）。在这些拉动因素和推动因素的影响下，未来年长创业者数量很可能增加（Zissimopoulos 和 Karoly，2007）。

2. 养老服务价格连续稳定上涨，养老服务和医疗支出需要更高的储蓄水平。2012年年末，我国适龄劳动人口（15—59岁，含不满60周岁）为9.37亿人，比2011年年末减少345万人，首次出现绝对下降。2013年年末，我国适龄劳动人口（调整为16—59岁，含不满60周岁）为9.20亿人，2015年年末为9.11亿人，2017年年末为9.02亿人。劳动年龄人口绝对量的不断减少导致我国劳动力成本快速上升，服务价格连续稳定上涨。2016年，我国服务价格上涨2.2%，影响CPI上涨0.81个百分点，其中，养老服务价格上涨2.5%。[①] 2017年，服务价格上涨3.0%，影响CPI上涨约1.10个百分点。其中，养老服务价格上涨4.5%。[②] 这就对年长者退休时的储蓄总量提出更高要求。

除此之外，随着物质生活条件的改善以及现代医疗的进步，年长者预期寿命在不断延长，然而，他们至少有20多年的生活充满着身体、社会、经济、心理和个人问题（Curran 和 Blackburn，2001；Hart、Anyadike - Danes 和 Blackburn，2004；Kautonen、Down 和 South，2008）。2014年年底，我国65岁以上老年人慢性病患病率达53%左右，医疗费用支出是“年轻人”的3倍。[③] 截至2015年年底，我国60岁及以上失能、半失能老

① 邢志宏：“2016年居民消费价格温和上涨，工业生产价格由降转升”，http://www.ce.cn/macro/more/201701/22/t20170122_19799319.shtml。

② 赵茂宏：“2017年CPI温和上涨 PPI涨势趋稳”，http://www.ce.cn/xwzx/gnsz/gdxw/201801/19/t20180119_27807007_5.shtml。

③ 中华人民共和国国家卫生健康委员会药物政策与基本药物制度司：“药政司组织召开65岁以上老年人部分基本药物在基层全额保障座谈会”，http://www.nhfpc.gov.cn/yaozs/s3586/201504/d19d3770819e4deab79ef8aa3a2a1a45.shtml。

年人口为4 063万人，占老年人口的18.3%。[①] 因此，在步入老年阶段时，年长者只有拥有足够多的储蓄，才能应对未来生活中的基本支出和医疗保健支出。

3. 年长创业者参与经济活动时间更长，能够缓解人口老龄化压力。人口老龄化带来与年龄有关的公共开支的增加，尤其是养老保险、医疗卫生和长期照料的开支（Kinsella 和 Phillips，2005；Avramov 和 Maskova，2003），给经济和社会发展带来了巨大挑战（Kureka 和 Rachwaάb，2011）。创业使得年长者参与经济活动的时间更长，可以成为缓解人口老龄化带来的经济和社会挑战的有效措施（Kibler、Wainwright、Kautonen 等，2012；Kerr，2017）。相较于年长员工，年长个体经营者更可能继续工作，而不太可能选择退休（Parker 和 Rougier 2007；Quinn，1999；Zissimopoulos 和 Karoly，2007）。Zhang（2008）也指出，年长创业者通常比年长员工更晚退休。

2016年5月27日，在我国人口老龄化形势和对策学习会议上，习近平总书记指出："要着力发挥老年人积极作用……要为老年人发挥作用创造条件，引导老年人保持老骥伏枥、老当益壮的健康心态和进取精神，发挥正能量，作出新贡献。"《"十三五"国家老龄事业发展和养老体系建设规划》进一步提出，支持老年人才自主创业，帮助有意愿且身体状况允许的贫困老年人和其他老年人接受岗位技能培训或农业实用技术培训，通过劳动脱贫或致富。年长者在数十年工作中积累了大量的工作经验、知识和技能（Singh 和 DeNoble，2003；Kautonen、Down 和 South，2008），从而更适合创建和管理企业（Singh 和 DeNoble，2003；Weber 和 Shaper，2004），而且他们创建的企业更容易生存下来（如：Cressy 和 Storey，1995）。充分利用这些经验和技能，可以为社会创造财富，缓解人口老龄化给经济和社会发展带来的巨大压力，同时也可以满足年长者的经济和社会需求（Kibler、Wainwright、Kautonen 等，2012）。激发年长者的创业热情，真正使得年长者创业成为缓解人口老龄化压力的重要举措是一个亟待解决的现实问题。

---

① 全国老龄工作委员会办公室："三部门发布第四次中国城乡老年人生活状况抽样调查成果"，http：//www.cncaprc.gov.cn/contents/2/177118.html。

（二）理论背景

随着人口老龄化程度的不断加剧，各种关于应对人口老龄化挑战的思考应运而生。1982 年，Butler 提出“生产性老龄化”概念。所谓“生产性老龄化”，是指发挥个人能力从事商品生产和服务生产的老年人口的任何活动，而这种贡献并不考虑年长者是否得到报酬（Bass、Caro 和 Chen，1993）。其主旨在于强调人们不仅要看到人口老龄化给经济和社会发展带来的各种挑战，还应当看到年长者也是具有生产能力的，他们的生产性活动对于年长者个人、家庭、社区、社会等各个层面均具有重要的正面影响（Morrow - Howell，2001），能够有效缓解人口老龄化带来的压力。我国对于“生产性老龄化”的阐释是“老有所为”，即倡导提供年长者参与的机会，为家庭、社区和社会做出贡献（Mui，2012）。“老有所为”可以满足年长者自身发展的需要，也是年长者自我价值和社会价值的体现（童红梅和楼玮群，2016）。归根结底，“生产性老龄化”是在急速老龄化的社会中开发成本日益增长的人力资源（南希·莫罗—豪厄尔，2011），减少人口老龄化对年长者和社会的负面影响（穆光宗，2015）。

相较于年长员工，年长个体经营者更可能选择继续工作，而不太可能选择退休（Parker 和 Rougier，2007；Quinn，1999；Zissimopoulos 和 Karoly，2007）。Zhang（2008）也指出，年长创业者通常比年长员工更晚退休。创业使得年长者参与经济活动的时间更长。一些研究者开始关注年长创业者（Singh 和 DeNoble，2003；Lévesque 和 Minniti，2006；Kautonen、Down 和 South，2008；Kautonen、Tornikoski 和 Kibler，2011；Halabinsky、Potter 和 Kautonen，2012；Kautonen、Down 和 Minniti，2014）。多数研究者将创建一个新企业或成为个体经营者时年龄在 50 岁及以上的创业者界定为年长创业者（如：Curran 和 Blackburn，2001；Hart、Anyadike - Danes 和 Blackburn，2004；Kautonen、Down 和 South，2008；Kautonen、Luoto 和 Tornikoski，2013）。

年长创业者领域的研究主要集中在年长创业者创业能力和倾向（如：Singh 和 DeNoble，2003；Kautonen、Down 和 South，2008；Baucus 和 Human，1994；Botham 和 Graves，2009；Lévesque 和 Minniti，2006）、年长创

业者拥有的人力资本和社会资本及财务资本（如：Singh 和 DeNoble，2003；Kautonen、Down 和 South，2008；Webster 和 Walker 2005；Kilber、Wainwright、Kautonen 和 Blackburn，2011；Matricano，2018）、年长创业者制度和文化环境（如：Kautonen、Down 和 South，2008；Estrin 和 MIickiewicz，2011；Pilkova、Holienka 和 Rehak，2014）、年长创业者工作方式和企业绩效（如：Botham 和 Graves，2009；De Kok、Ichou 和 Verheul，2010；Zolin，2015）、年长创业者创业的经济和社会效益（如：Curran 和 Blackburn，2001；Botham 和 Graves，2009；Halabinsky、Potter 和 Kautonen，2012；Kautonen、Tornikoski 和 Kibler，2011）、年长创业者创业动机（如：McKay，2001；Singh 和 DeNoble，2003；Weber 和 Shaper，2004；Kautonen，2008；Kautonen、Luoto 和 Tornikoski，2010；Kibler、Wainwright、Kautonen 等，2011；Wainwright、Kibler、Kautonen 等，2015）以及创业障碍（如：Zhang，2008；Weber 和 Schaper，2004；Kautonen、Down 和 South，2008；Kautonen、Tornikoski 和 Kibler，2011；Estrin 和 MIickiewicz，2011；Anderson 和 Warren，2011；Kibler、Wainwright、Kautonen 等，2011；Mallet 和 Wapshott，2015）等诸多方面。

关于年长创业者创业动机，Zissimopoulos 和 Karoly（2007）指出，由于拉动因素和推动因素，未来年长创业者数量很可能增加。其中，拉动因素是指将有越来越多具有经验、专门技能和财务手段的退休者希望保持经济活跃。创业可以帮助他们保持一种生活方式或提供一种比在组织中作为雇员更为灵活的替代。推动因素则是指年长员工被传统劳动力市场因素推出，例如，年长者会面临年龄歧视和劳动市场中有限的培训机会等问题，他们很容易对当前工作和职业发展机会不满意（Brown，2000；Webster 和 Walker，2005；Singh 和 DeNoble，2003；Kibler、Wainwright、Kautonen 等，2011）。缺乏有吸引力的就业选择（Porcellato、Carmichael、Hulme 等，2010）、被裁员、养老金不足（Kautonen、Down 和 South，2008；Weber 和 Shaper，2004）等也是创业的推动因素。在这种情况下，创业可能是年长者希望恢复经济活动的唯一选择（Kibler、Wainwright、Kautonen 等，2012）。Singh 和 DeNoble（2003）将年长创业者分为 3 类：受约束的创业者、理性创业者和不情愿的创业者。受约束的创业者指的是表现出相对较高水平的创业愿望，但是由于各种限制没能在其职业生涯阶段创业的退休者。受约束的创业者是创业导向的，一旦其感知潜在的约束和障碍消失，他们就会决定创业。理性创业者代表的是一群退休者，这些退休者决定创业仅仅是基于创业与之前工作岗位的利益比较。理性创业者不太可能将自我雇用视为自我实现，他们决定创业更多是基于收入来源的考虑。不情愿的创业者是指那些找不到工作才选择创业的退休者，他们将创业视为重返工作生活的最后方式。Wainwright、Kibler、Kautonen 等（2015）认为，Singh 和 DeNoble（2003）对年长创业者创业动机的考察仅聚焦于退休后的年长创业者的创业活动，而年长创业者创业既可能发生在退休前，也可能发生在退休后。他们将 50 岁以上的年长者作为受访者，按创业动机归纳为 3 类：年长企业家、生活方式冒险者、需要冒险者。年长企业家追求独立，并对企业成长和财务回报感兴趣（Kautonen、Down 和 South，2008）。生活方式冒险者创业是为了补充退休后的养老金收入，希望生活得自由和舒适，不愿依赖于减少的养老金或全职工作。此外，生活方式冒险者之所以创业也可能是基于兴趣或爱好的驱使（Weber 和 Shaper，2004），这使得他们能够通过商品和服务的销售获得人们对其工作和才能的认可。需要冒险者创业的动机是财务需要，因为他们没有足够的储蓄和投资来支撑退休后的生活，或者是他们年轻时没有能力储蓄足够的资金，或者由于家庭变故他们原有的收入来源变得不再可能。

尽管年长创业者领域的研究已经取得一定进展，但是仍存在一些不足。例如：（1）缺乏年长创业者创业动机维度及其影响因素的系统研究，学者们多从年长创业者和年轻创业者比较的角度，探讨哪些因素会促使年长者创业，而缺乏年长创业者创业动机及其影响因素的系统研究。不同的个体可能受到不同因素的影响而产生不同的创业动机，而目前的研究并没有对这个问题进行更深入的探讨。（2）缺乏年长创业者创业动机效能机制的研究。当前研究者对年长创业者创业动机的研究多集中在创业动机的维度及其影响因素上，缺乏对其效能机制的研究。单纯研究创业动机的产生并不会对社会和经济的发展起到促进作用，只有将创业动机与创业行为连接起来才能真正对国家经济发展和缓解人口老龄化现状起到作用。(3) 缺乏对年长创业者创业障碍的研究。相较于年轻创业者，年长创业者具有各种各样的资源优势。但是，尽管如此，在创业过程中，他们也会不可避免地遇到各种障碍。而创业的决定是动机和障碍共同作用的结果（Staniewski和 Awruk，2015）。（4）缺乏年长创业者创业动机动态过程研究。当前，横截面定量研究是年长创业者创业领域的主流研究方法，质性研究方法的运用相对不足（Kautonen，2008）。质性研究可以从过程导向的视角提供丰富的数据（如：Kautonen 等，2010），清晰阐释年长创业者创业动机产生、维度及影响的动态过程。

二、研究问题的提出

尽管人们已经认识到人口老龄化带来的挑战，以及年长者创业可能成为缓解经济和社会所面临压力的一个工具，年长创业者领域的研究仍然十分有限（Halabinsky、Potter 和 Kautonen，2012；Kibler、Wainwright、Kautonen 等，2012）。创业动机作为激发、维持、调节人们从事创业活动，并引导创业活动朝向某一目标的内部心理过程或内在动力（曾照英和王重鸣，2009），是个体创业活动发生的起点和推动力，也是克服创业障碍坚持创业活动的心理保障。40 岁以后，个体差异扩大以及生活轨迹的多样化（戴安娜、萨莉和露丝，2013），很可能使得年长创业者创业动机呈现出多维度结构。如果不能理解年长创业者创业动机的多样性，就很难为他们提供有针对性和恰当的指导，同时也会削弱本领域研究的严谨性（Wainwright、Kibler、Kautonen 等，2015）。研究年长创业者创业动机，不仅是对创业领域“理论版图”的拓展，也是积极应对人口老龄化的重要举措，对年长创业者个人、企业和社会发展均具有重要意义。

由此，本书将运用扎根理论方法从过程导向的视角探讨年长创业者创业动机产生、维度及其对新创企业成长影响的动态过程，并通过实证研究检验年长创业者创业动机产生、维度及其对新创企业成长影响的递推关系路径，以期为丰富年长创业者创业动机领域的研究做出贡献，并为激发年长者从事创业活动起到引领作用。本书拟回答以下 3 个关键理论问题：

1. 年长创业者创业动机由哪些维度组成？

年长创业者个体差异和生活轨迹的多样化（戴安娜、萨莉和露丝，2013），可能使得他们的创业动机呈现多种维度，本书将系统构建年长创业者创业动机的维度结构，以还原年长创业者创业动机的“真实面貌”。

2. 年长创业者创业动机是如何产生的？不同的影响因素如何导致了年长创业者不同的创业动机？

本书将从过程导向的视角探讨年长创业者创业动机的形成过程，构建年长创业者创业动机的影响因素模型，完善年长创业者创业动机影响因素的研究。

3. 年长创业者创业动机对新创企业成长的作用机制是怎样的？随着创业活动的开展，年长创业者创业动机的变化对其企业成长将产生怎样的影响？

本书将探索年长创业者创业动机对新创企业成长影响的动态过程，在这一过程中，本书发现创业障碍感知会对年长创业者创业动机和新创企业成长绩效之间的关系产生影响。而随着创业活动的开展，年长创业者创业动机会发生变化，而这种变化会对创业障碍感知与新创企业成长绩效之间的关系产生影响。

第二节 研究意义

一、理论意义

第一，本书运用定性和定量相结合的研究方法构建年长创业者创业动机的维度结构，推进了年长创业者创业动机领域的研究。基于创业动机理论、自我实现理论、传承理论和社会认知理论，本书运用扎根理论方法建构了年长创业者创业动机的五维度结构，而且五维度之间呈现出一定的层次，丰富了对年长创业者创业动机理论的研究。

第二，本书运用扎根理论从过程导向的视角建构了年长创业者创业动机产生、维度及其对新创企业成长影响的动态过程，推进了年长创业者创业动机效能机制的研究，是对年长创业者创业动机传统研究路径的突破。

第三，本书识别了年长创业者创业障碍感知，并证实了其对年长创业者创业动机与新创企业成长之间关系的影响，为当前多聚焦于年长创业者创业积极面的年长创业者创业研究领域注入了“新鲜血液”。

第四，本书识别了年长创业者创业过程中创业动机的变化对其企业成长的影响，更真切地描绘了年长创业者创业过程的真实面貌。创业活动是动态变化的，这就意味着创业者的创业动机也可能会发生一定的改变，探讨年长创业者创业动机变化对其企业成长的影响，能够更真实、准确地把握年长创业者的动态创业过程，同时也拓展了对年长创业者创业动机和企业成长的研究。

二、实践意义

第一，探讨年长创业者创业动机产生、维度及其对新创企业成长的影响，能够引导政府重视年长者创业，激发年长者的创业动机。同时，有利于政府准确把握年长创业者创业活动的内部作用机制，从而更有针对性地设计激励措施和帮扶政策，进而为计划创业的年长者和年长创业者提供更有效的帮助。

第二，探讨年长创业者创业动机产生、维度及其对新创企业成长的影响，能够帮助年长者识别自己拥有的可能促使其创业成功的优势。同时，帮助计划创业的年长者和年长创业者对创业障碍有更全面、理性的认知，提高其创业的成功率。

第三，对由于企业性质和行业性质不得已需要辞退年长员工的企业来说，在提供“创业适应学习”的基础上，鼓励年长员工创业，将成为一种相对温和的裁员方式。

第三节 研究内容和创新点

一、研究内容

研究内容包括以下 3 部分：

（一）年长创业者创业动机产生、维度及影响的动态过程

本书运用扎根理论从过程导向的视角探讨年长创业者创业动机的产生、维度结构及其对新创企业成长的影响。通过选取 30 位年长创业者进行深度访谈并对访谈资料进行开放式编码、主轴编码以及选择性编码，发现年长创业者在创业资源、角色榜样、政策环境和职涯发展受限的影响下产生安全保障与子女发展动机；在创业资源、权力需要和成就需要影响下产生名利追求动机；在创业资源、创业效能感、权力需要和职涯发展受限的影响下产生独立/自主动机；在创业效能感、成就需要、政策环境和职涯发展受限的影响下产生精神体验动机；在创业资源、成就需要和政策环境的影响下产生社会责任动机。年长创业者创业动机不同，其感知的创业障碍也不同。感知创业障碍较强的创业者，企业成长绩效相对要差。随着创业活动的开展，年长创业者创业动机会发生变化，一部分年长创业者会产生员工导向使命感，员工导向使命感高的年长创业者即使感知的创业障碍较强，企业成长依然较好。

（二）年长创业者创业动机维度结构及影响因素验证研究

在扎根理论构建的理论模型的基础上，本书实证检验年长创业者创业动机的维度结构及其影响因素，并运用多元回归验证创业资源、成就需要、权力需要、创业效能感、政策环境、角色榜样以及职涯发展受限等因素对年长创业者创业动机的影响。具体研究内容：一是验证年长创业者创业动机及其影响因素的维度结构；二是检验创业资源、成就需要、权力需要、创业效能感、政策环境、角色榜样以及职涯发展受限对年长创业者创业动机的影响并找出主要影响路径；三是检验不同创业动机的不同影响因素。

（三）年长创业者创业动机对新创企业成长作用机制验证研究

在扎根理论构建的理论模型的基础上，本书实证检验年长创业者创业动机对新创企业成长的作用机制。具体研究内容：一是检验年长创业者创业动机对新创企业成长的影响；二是检验创业障碍感知对年长创业者创业动机与新创企业成长之间关系的中介作用；三是检验员工导向使命感对创业障碍感知与新创企业成长之间关系的调节作用。

二、创新点

本书运用扎根理论构建了年长创业者创业动机产生、维度及其对新创企业成长影响的动态过程模型，并对该模型进行了实证检验。本书可能的创新点包括以下 4 个方面：

1. 基于定性和定量相结合的研究方法，本书构建了年长创业者创业动机的新构思，推进了年长创业者创业动机领域的研究。以往年长创业者创业动机的研究只是简单列出年长创业者创业动机的类型，缺乏系统性。基于创业动机理论、自我实现理论、传承理论和社会认知理论，本书运用扎根理论方法建构了年长创业者创业动机的五维度结构，即安全保障与子女发展动机、名利追求动机、独立/自主动机、精神体验动机和社会责任动机，并实证检验了该维度结构的适切性。年长创业者创业动机五维度结构具有一定的层次，从最低的安全保障与子女发展动机到最高的社会责任动机。年长创业者个体和环境因素的差异决定了他们创业动机的不同层次。

2. 本书建构了年长创业者创业动机产生、维度及其对新创企业成长影响的动态过程模型，是对年长创业者创业动机传统研究路径的突破，推进了年长创业者创业动机效能机制的研究。以往年长创业者创业动机研究多是分散的探讨年长创业者创业动机的维度或者其影响因素，并未对创业动机的维度和影响因素进行系统的研究，但不同的个体可能受到不同因素的影响而产生不同的创业动机，而目前的研究并没有对这个问题进行更深入的探讨。此外，鲜有研究者探讨年长创业者创业动机的效能机制。本书运用扎根理论构建了年长创业者创业动机产生、维度及其对新创企业成长影响的动态过程模型，即年长创业者在角色榜样、政策环境和职涯发展受限的影响下产生安全保障与子女发展动机；在创业资源、权力需要和成就需要影响下产生名利追求动机；在创业资源、创业效能感、权力需要和职涯发展受限影响下产生独立/自主动机；在创业效能感、成就需要、政策环境和职涯发展受限的影响下产生精神体验动机；在创业资源、成就需要和政策环境的影响下产生社会责任动机。不同的创业动机会产生不同的创业障碍感知，从而产生不同的新创企业成长绩效。

3. 本书将年长创业者创业优势与创业障碍相结合，全面而真切地展现了年长创业者的创业过程。当前，年长创业者创业领域的研究多聚焦于其所拥有的创业资源对其创业的影响，鲜有学者关注年长创业者创业过程中遭遇的创业障碍。相较于年轻创业者，年长创业者具有一定的资源优势，这些优势可能是年长创业者选择创业的驱动力量。但是，创业活动充满不确定性，年长创业者在创业过程中会不可避免地遭遇各种障碍。本书将年长创业者创业优势与创业障碍相结合，一方面探讨年长创业者具有的创业优势对其创业动机的影响，另一方面着重关注创业障碍感知在年长创业者创业动机与新创企业成长之间的负向影响。这为当前多聚焦于年长创业者创业积极面的年长创业者创业领域注入了“新鲜血液”。

4. 本书采用阶段的、动态的方式探讨年长创业者创业动机，关注了创业过程中年长创业者创业动机的变化对其新创企业成长的影响。本书将年长创业者创业动机视为动态发展的过程，初始创业动机激发年长创业者从事创业活动，而创业一段时间之后，变化了的创业动机激励年长创业者致力于新创企业成长绩效的提高。这不仅有利于全面、准确地把握年长创业者创业动机，同时也拓展了对年长创业者创业动机和企业成长领域的研究。

第一章

文献综述

第一部

[illegible]

第一节　创业动机研究

一、创业动机概念

当前，学术界对创业概念的界定还未达成一致意见。Gartner（1985）认为创业是新组织的创造过程。Shane 和 Venkataraman（2000）将创业界定为发现和利用有利可图的机会创造新产品。郁义鸿和李志能（2000）指出，创业是在发现和捕获机会的基础上创造新颖的产品或服务，从而实现其潜在价值。

创业动机促使具有创业能力和创业条件的个体从事创业活动，是创业行为背后的驱动力，能够有效区分创业者和潜在创业者（Olson 和 Bosserman，1984）。Baum、Locke 和 Smith（2001）指出，在追求成就的过程中，创业者会在头脑中产生一种内部驱动力，包括目标导向和自我效能感两个衡量指标。Shane（2003）认为，创业作为一个不断演化的过程，需要人们愿意参与到这项活动中，这种“愿意”就是创业动机。Robichaud、Mcgraw 和 Roger（2001）指出，创业动机是企业家通过经营企业希望达到的目标，该目标决定了企业家的行为模式，进而决定了企业的成功与否。Carsrud 和 Brännback（2011）认为创业动机是创业认知和创业意向向创业行为转化的“火花”和关键。曾照英和王重鸣（2009）认为，创业动机是一种内部心理过程或内在动力，它激发、维持、调节人们从事创业活动，并引导创业活动朝向某一目标。创业者的创业行为因创业动机而产生（刘唐宇和杨吴昊茜，2013），并由创业动机提供精神支持和保障，可用创业者的目标、成就需要、冒险精神、财富追求、工作自主性等衡量（周勇、凤启龙和陈迪，2014）。刘美玉（2013）指出，创业动机是一种能够使创业者持续朝个人目标努力，并维持饱满创业热情的内心倾向力和驱动力（见表 1 - 1）。

表 1－1　　创业动机概念界定

学者	创业动机概念
Olson 和 Bosserman（1984）	创业行为背后的驱动力
Baum、Locke 和 Smith（2001）	在头脑中产生的一种内部驱动力
Shane（2003）	个体的一种意愿
Robichaud、Mcgraw 和 Roger（2001）	企业家通过经营企业希望达到的目标
Carsrud 和 Brännback（2011）	创业认知和创业意向向创业行为转化的“火花”和关键
曾照英和王重鸣（2009）	一种内部心理过程或内在动力
周勇、凤启龙和陈迪（2014）	个体完成创业的助推力以及完成创业的精神支持和保障
刘美玉（2013）	一种内心倾向力和驱动力

二、创业动机维度结构

基于创业动机的概念研究，学者们提出了测量创业动机的维度模型。Kuratko（1987）提出个体创业源自个体自由、自我雇用、成为自己的老板、自主决策以控制命运 4 个方面。在总结以往研究的基础上，Kuratko、Hornsby 和 Naffziger（1997）提出包含外部激励（主要以金钱和股份的形式）、内部激励（创业者个体的内部需要，包括内部控制需要和成就需要）、独立与自我控制（通过自己做老板的途径来实现）、家庭保障（由于公司裁员而被迫创业的）4 个维度的创业动机结构模型。Robichaud、Mcgraw 和 Roger（2001）在肯定上述研究的基础上，增加了“接近家庭”“为退休做准备”“生活改善”等维度。Drnovsek 和 Glas（2002）进一步将创业动机细化为想取得成就并得到认可、延续家族传统、实现关于产品或服务的想法、获得圈子里更大影响力、看到有前景的机会并想实现它、成为一个有用的人、对收入不满想获得更多、看不到其他工作的可能性、控制自己人生、为家庭提供保障、终生不失业 11 个方面。Fatoki（2010）认为，创业动机包括提供就业机会与保障、成长、实现梦想等。Barba－Sánchez 和 Atienza－Sahuquillo（2012）认为，创业动机主要包括个人成长、个人实现、经济独立、工作选择、工作关系、家庭传统、成就导向和机会追求。Burmeister－Lamp（2012）从成长与安全角度提出提升焦点动机与预防焦点动机。提升焦点动机是指个体渴望成长、职业或技能的进步，他们更注重潜在的收益；预防焦点动机的创业者更加关注应该做什么，以减少潜在的损失。

全球创业观察（GEM，2011）提出生存型创业动机与机会型创业动机。生存型创业动机是指个体没有其他更好的选择，或者对目前的就业选择并不满意，不得已而进行创业活动，更多的是一种被动的选择。生存型创业动机带来的是一种低端的创业行为，在之后的市场开发、增加就业以及提升经济竞争力等方面存在着很大的劣势；机会型创业动机则是个体识别并开发一个商业机会而进行的创业活动，是一种积极主动的行为选择。这种动机使创业者在创业过程中表现出很高的积极性和主动性，创业企业往往可以获得大规模的发展，在就业岗位贡献能力上也远远高过生存型创业（刘鹏程、李磊和王小洁，2013）。

何志聪（2004）认为创业源自以下 3 种基本动机：机会驱动型，创业者发现了一个可行的商业机会并利用机会创业；内部驱动型，创业者创业是为了满足内心想成为老板的需要；外部驱动型，外部环境激励创业者通过创业来维持生活。进而，提出创业动机的成就导向、控制导向和保障导向 3 个关键性维度。王玉帅和尹继东（2008）提出创业动机的生存动机、关系动机和发展动机三维度结构，其中，生存动机包括外在报酬和家庭保障；关系动机包括得到社会认可、个人保障、自我雇用、做自己老板；发展动机包括成长需求和个人自由。曾照英和王重鸣（2009）结合我国实际将创业动机分为事业成就型和生存需求型两大类，其中，事业成就型包含获得成就认可、扩大圈子影响、成为成功人士、实现创业想法、控制自己人生 5 个维度，生存需求型包含不满薪酬收入、提供经济保障和希望不再失业 3 个维度。仲伟伫等（2012）将创业动机分为经济型动机与社会型动机。张凯竣和雷家骕（2012）将创业动机分为精神动机、名利动机与责任动机。魏江和权予衡（2014）提出盈利与机会导向创业动机。

三、创业动机影响因素

创业动机是个体因素和环境因素共同作用的结果（Suzuki、Kim 和

Bae，2002）。个体因素主要包括创业效能感、创业资源和成就需要，而环境因素对创业动机的影响则分为环境促进或阻碍创业动机的产生。

（一）创业效能感

自我效能感是个体对自身具备完成特定工作的能力的判断（Boyd 和 Vozikis，1994），由 Bandura 在 20 世纪 70 年代提出。创业过程充满各种不确定性，自我效能感对个体来说至关重要。Kickul 和 Kickul（2004）发现，自我效能感对创业的兴趣与动机具有显著正向影响。

创业效能感，是个体对自己是否有能力成功扮演创业者角色和完成创业任务的自信程度（Chen、Greene 和 Crick，1998）。拥有较高水平创业效能感的创业者对目标追求更投入，创业过程更坚持。史容、傅利平和殷红春等（2016）研究发现，创业效能感对机会型创业动机具有显著正向影响。王玉帅（2008）证实创业效能感对创业动机有显著影响，当个体创业效能感增强时，创业动机会相应强化。孙红霞、郭霜飞和陈浩义（2013）研究表明，创业效能感各维度中，机会识别效能感、组织承诺效能感和管理控制效能感对农民生存型和机会型创业动机均有显著正向影响，而风险承担效能感仅对农民机会型创业动机强度有显著影响。

（二）创业资源

创业资源是企业创立以及成长过程中所需要的各种生产要素和支撑条件（林嵩，2007），是在向社会提供产品和服务的过程中，创业者所拥有的能够实现自身目标的各种要素及要素组合（Barney，1991）。Shane（2000）指出，创业者在先前工作中积累的服务知识、顾客知识、市场知识等筑成了他们的“知识走廊”。

Reynolds 等（2002）研究发现 25—44 岁的人更可能参加创业活动，因为处于这个年龄段的他们拥有更多的资金和经验，更容易开展创业活动。先验知识能够增强创业者识别和发现机会的能力（Elfringt，2003）。Johannisson（1990）指出，基于家庭、朋友之间的人际交往关系的社会资本可以为创业者提供商业信息。Djankov、Miguel、Qian 等（2006）研究发现，家庭网络对机会型和生存型创业者均具有积极影响，而且这种影响效应对机会型创业者来说要比对生存型创业者更加明显。创业者能够通过社会网络获得创业机会信息和资源（Hills、Lumpkin 和 Singh，1997；Kim、Aldrich 和 Keister，2006；刘兴国、沈志渔和周小虎，2009）。对创业者来说，社会支持网络不仅是获得创业资源的重要渠道，也是保证其旺盛创业精神的重要变量（韦雪艳和段锦云，2011）。王西玉、崔传义和赵阳（2003）研究证实打工经历积累的资金、技术、信息和阅历等物质资本和人力资本影响创业行为。张明林、喻林和傅春（2009）指出，农民工外出务工过程中积累的社会资本、人力资本和经济资本为创业活动的发生提供了可能。孙红霞、郭霜飞和陈浩义（2013）研究表明，创业资源各维度中，财务资源对农民创业动机的促进作用最大，财务资源和知识资源对农民机会型和生存型创业动机均有显著促进作用，而人力资源仅对农民机会型创业动机具有影响。

（三）成就需要

成就需要即达到标准、追求卓越、争取成功的需要（Davidsson，1995）。成就需要水平较高的个体渴望提高工作效率，希望将事情做得更加完美，获得更大的成功，而且他们看重在争取成功的过程中克服困难、解决难题、努力奋斗的乐趣，以及成功之后个人的成就感。相较于低成就需要的人，高成就需要的人更倾向于从事需要对未来进行规划和对工作结果负责的充满活力和创新的活动（McClelland、Atkinson、Clark 等，1953）。McClelland（1989）指出，当个体希望自己的人生能够取得较高成就时，创业将成为一种相当具有吸引力的职业生涯选择。因为，创业能够为个体带来的心理和物质满足感是其他选择所无法提供的。

成就需要可以反映个体内心渴望较高风险活动的程度，是能够成功预测创业者的最常用的个体特征指标之一（Johnson，1990）。大量研究表明，成就需要对创业者行为具有较好的解释力（McClelland，1987）。McClelland（1962）指出，成就需要能够预测一个人是否会将创业作为其职业选择，高成就需要的人认为创业能够带来其他岗位所不能给予的成就满足。基于此，学者们开始比较创业者与其他职业者在成就需要方面的差异，结果表明高成就需要的人具有针对某项特定目标的倾向，而创业行为就属于这一类目标。例如，McClelland 和 Burnham（1976）以及 McClelland 和 Boyatzis（1982）均指出，成就需要能够显著影响个体的创业意向。例如，通过比较传统管理者和创业者的个人特质发现，创业者具有较高的成就需要，相对低的权力需要；而传统管理者则表现出较高的权力需要，较低的成就需要。

成就需要与创业事业选择和创业业绩显著相关（Collins、Hanges 和 Locke，2004）。Espíritu – Olmos 和 Sastre – Castillo（2015）指出，高成就需要的个体更愿意面对创业过程中的挑战。另外，个体成就需要越高，越容易产生创业想法（Mueller 和 Thomas，2000）。因此，成就需要对个体的创业决定起着重要作用（陈丹和王文科，2012）。成就需要对农民的创业倾向具有显著的正向影响（林嵩、刘青和李培馨，2016）。Solymossy（1997）通过实证研究，提出创业动机受到工作满意度、社会地位、经济需要、权力、健康、成就、独立、机会和职业稳定性 9 种因素的影响。Taormina 和 Kin – Mei Lao（2007）研究发现，成就动机、社会交往、乐观态度等个体因素和商务环境因素对创业动机具有显著影响。简丹丹、段锦云和朱月龙（2010）研究表明，创业者具有更高的冒险倾向、成就需要、责任意识、情绪稳定性、经验开放性和更低的“宜人性”。在总结已有创业人格特质研究后，李海垒、宫燕明和张文新（2012）指出，创业人格变量包括成就需要、自主性、自我效能感、控制点、冒险性、创新性以及“大五”人格等。在员工离职创业研究中，有研究者发现，只有那些愿意承担风险、具有较高成就需要的员工才可能成为创业者，而并不是所有发现机会的员工都能成为创业者（王端旭和叶庆燕，2016）。

（四）环境因素

环境因素对创业动机的影响可以从环境的支持性和挑战性两个方面来考虑。国家经济政策影响着创业活动，进而影响经济的增长（Praag 和 Versloot，2007）。Gohmann（2010）指出，制度，尤其是管理制度对潜在创业者有很大影响。当国家经济自由程度比较高时，个体更愿意自己创业。Kirchoff（1991）认为，经济衰退等经济因素和缺乏晋升机会等社会因素严重阻碍创业动机的产生。周勇、凤启龙和陈迪（2014）研究表明，融资信贷支持与政府激励引导等创业环境对大学生创业动机的产生具有显著影响。段利民和杜跃平（2012）发现，影响创业动机最显著的因素包括政府政策、金融支持、教育和培训、研发转移和国内市场开放程度。政府项目和文化及社会规范对创业动机也具有一定的影响，而基础设施可得性和商业环境对创业动机的影响则不显著。Taormina 和 Kin – Mei Lao（2007）研究表明成就需要、社会交往、乐观态度等个体因素和商务环境因素对创业动机具有显著影响。Djankov、Miguel 和 Qian（2005）认为家庭及周边环境对机会型和生存型创业有影响。Mueller（2006）研究发现，角色榜样通过提供合法性和鼓励、提高自我效能感以及榜样学习和支持学习等增强个体成为企业家的渴望。

另外，文化环境也会对创业者的创业动机产生重要影响。文化影响某一人群总体行为的态度、类型、价值观和准则（Chinese Culture Connection，1987）。创业文化是创业者普遍表现出来的思想意识、价值观念、基本态度、行为方式以及支持创业的社会意识的总和。GEM 指出，作为创业环境的一个方面，文化对创业动机具有一定的影响。积极的创业文化能够促进和激发当地创业者的创业意识和创业动机，而消极的创业文化会削弱创业者寻求创业机会和创建企业的动力（姜彦福，2004）。

四、创业动机在不同人群的研究

作为一个较新的研究领域，创业动机方面的研究还相对较少。当前创业动机研究主要可以分为两类：一类是泛人群创业动机研究；另一类是特定人群创业动机研究。本书尝试在中国知网以“创业动机”为篇名搜索发表在中国学术期刊上的创业动机研究性论文，引证文献 5 篇以上的仅 76 篇。如表 1 – 2 所示，国内特定人群创业动机研究论文为 49 篇，占 64.5%，分布在大学生、农民工和女性创业者群体。国外特定人群创业动机研究，主要集中在大学生、女性创业者以及年长创业者。

表1-2 创业动机引证文献5篇以上论文研究对象分布（国内）

研究对象		引证文献5篇以上论文数量（篇）	所占比例（%）
泛人群		27	35.5
特定人群	大学生	31	40.8
	农民工	12	15.8
	女性	6	7.9
合计		76	100.0

资料来源：作者根据中国知网查询结果整理（截至2018年6月）。

（一）对大学生创业动机的研究

一是大学生创业动机影响因素的研究，如Farhangmehr、Gonçalves和Sarmento（2016）发现，创业能力对大学生创业动机具有显著正向影响。高静、贺昌政和刘娇（2014）认为，创业者特质对大学生创业动机具有重要影响。李洪波和牛昕（2013）研究表明，由社会宏观经济文化条件、政府政策法规、资金支持条件、学校创业支持条件和创业能力等构成的创业环境能够显著影响大学生的创业动机。关奕檬（2014）对西北和华东地区百名经营管理专业大学生的抽样调查显示，创业园区孵化支持对创业动机的产生具有显著促进作用。周勇、凤启龙和陈迪（2014）认为，融资信贷支持与政府激励引导等创业环境对大学生创业动机的产生具有显著影响。

二是大学生创业动机维度结构的研究，如最大限度地利用技能和才能、控制自己的未来、想要学习新事物和将创新想法付诸实践、害怕失业、追求自主、经济独立、自我实现以及履行社会使命是激发大学生创业的驱动力量（Barba - Sánchez和Atienza - Sahuquillo，2012）。张凯竣和雷家骕（2012）指出，大学生创业动机是一个包含精神动机、名利动机和责任动机的3维度结构。徐占东和陈文娟（2017）研究发现，大学生创业动机包括保障型动机、成就型动机和责任型动机3个维度。

三是大学生创业动机结果变量的研究，如张凯竣和雷家骕（2012）发现精神动机、名利动机和责任动机均对在校大学生创业倾向具有显著正向影响。徐占东和陈文娟（2017）研究发现，大学生创业动机能够显著提高其新创企业成长绩效。

（二）对农民工创业动机的研究

一是农民工创业动机影响因素的研究。如，张明林、喻林和傅春（2009）认为农民工外出务工积累的人力资本、经济资本和社会资本等对创业活动的产生具有促进作用。孙红霞、郭霜飞和陈浩义（2013）研究发现，创业资源各维度中，财务资源对农民创业动机的促进作用最大，财务资源和知识资源对农民机会型和生存型创业动机均有显著促进作用，而人力资源仅对农民机会型创业动机具有影响。

二是农民工创业动机维度结构的研究。如，李丽群、胡明文和黄大星（2011）指出，新生代农民工创业的主要目标和动力包括社会关系网络影响、实现个人价值、追求城市化和市民化。邓婉婷、岳胜男和沙小晃（2011）指出，新生代农民工的创业动机依次是增加收入和改善生活条件；不满打工现状，渴望自己当老板；希望能有自己的事业，更好地融入城市；渴望拥有自己的事业，实现自我价值。刘美玉（2013）认为，新生代农民工创业动机由经济性动机、社会性动机和成就性动机 3 个维度构成。其中，经济性动机是以维持生存、增加收入为目的的经济方面的创业动机，社会性动机是指由不满现状、受他人影响等社会性因素导致的创业动机，而成就性动机是指以实现梦想、追求成功、控制自我人生为导向的创业动机。

三是农民工创业动机结果变量的研究。如，朱红根和康兰媛（2013）研究表明，成长型和价值型创业动机的农民工其返乡创业绩效要好于生存型创业动机的农民工。刘美玉（2013）指出，创业动机影响新生代农民工创业模式的选择，经济性动机与生存型创业正相关、与机会型创业负相关，社会性动机与机会型创业正相关，成就性动机与生存型创业负相关、与机会型创业正相关。

（三）对女性创业动机的研究

Almobaireek 和 Manolova（2013）指出，相较于男性追求财富的创业动机，女性大学生更可能出于生存需要从事创业活动。Rey - Martí、Porcar 和 Mas - Tur（2015）认为，女性创业动机包括风险偏爱、寻求工作—家庭平衡、希望发展商业技能、自我雇用和希望获得比工作更高的收入。莫寰、黄小军和杨建锋（2009）研究发现，自身条件和环境状态的博弈决定了女性是否将创业作为其理想的就业选择（最优解）。当女性自身条件和环境状态都有利于创业时，创业成为女性就业策略决策博弈的最优解。较低的创业技能水平和社会资本造成女性较低的生存型创业率和机会型创业率。刘鹏程、李磊和王小洁（2013）指出，较低的受教育程度使得女性更多地选择生存型创业；较高的风险规避程度降低了女性机会型创业率，但对生存型创业率的影响并不显著；另外，女性机会型创业还受限于较低的家庭经济支持和社会资本回报率，而女性生存型创业者却能够得到家庭经济的支持。

关于女性创业动机的结果变量，陈明和张姝骁（2016）指出，女性创业动机的生存、自由和理想 3 个维度对创业承诺具有显著正向影响，而机会维度对创业承诺的影响并不显著。胡怀敏和肖建忠（2007）认为，我国女性创业的主导模式是生存驱动型创业。在我国的特定社会经济环境下，该类型创业者创业的关键因素是其自身素质，她们拥有的社会资本和人力资本很少。Rey – Martí、Porcar 和 Mas – Tur（2015）研究发现，相较于追求工作—家庭平衡的女性创业者，风险偏爱动机的女性创业者创业成功的可能性更大。

五、创业动机的动态发展

随着时间的变化，个体的创业动机也可能会随之发生改变（段锦云、王朋和朱月龙，2012）。根据需要层次理论，顾桥、梁东和赵伟（2005）提出了简单创业动机理论和复杂动机理论。简单创业动机理论包含经济性和社会性两个维度。它揭示了创业者的创业动机具有明显的方向性，是一个循序渐进的过程，即由低级向高级发展，它是从创业动机本身去分析创业动机的性质及它们之间的内在逻辑关系。

然而实际上，在整个创业过程中，创业者的创业动机往往是不断变化的，应当从更全面、更复杂的背景中去研究创业动机（段锦云、王朋和朱月龙，2012）。所以，顾桥、梁东和赵伟（2005）又提出了复杂动机理论。

这是一种包括动机、创业者发展和企业发展3个维度的较全面的动机理论，反映了在创业过程中创业者的生命周期、企业的生命周期与创业动机的空间关系。王玉帅（2008）也指出，创业者的创业动机会随着企业发展变化而变化，不同的企业发展阶段，会有不同的动机。Olomi（2001）发现，随着创业时间的推移，一些由于生存和家庭保障创业的创业者，逐渐演化成创业者角色，经营大企业，采取了成长战略，这说明成长驱动可能在企业创立后增强。

通过文献回顾，可以发现创业动机研究取得了十分显著的进展。创业动机研究涉及创业动机维度、影响因素、创业动机动态发展等非常广泛的内容，但是仍然存在着一些不足之处。例如，该领域研究方法多采用定量研究法，少有研究运用定性方法对创业动机的产生进行动态过程分析。哪类因素会产生哪类创业动机这个问题也没有得到深入研究。创业动机发展变化的研究也非常缺乏。创业动机研究群体也主要集中在大学生、女性和农民工，年长创业者创业动机的研究非常鲜见，国内年长创业者领域的研究更是十分匮乏。由此，本书拟运用扎根理论从过程导向的视角探讨年长创业者创业动机的产生，着重关注年长创业者个体和环境因素的差异对其创业动机类型的影响，以及随着创业时间的推移年长创业者创业动机的发展变化。

第二节　年长创业者研究

一、年长创业者界定

一系列术语被用来描述个体在职业生涯晚期从事创业活动这一现象，如年长创业者、第三年龄创业者以及老龄创业者等（Kautonen，2008）。而且，年长创业者的年龄界定也尚未形成统一的意见。Goldberg（2000）认为60岁及以上算作年长。Blackburn、Hart和O'Reilly（2000）认为45岁及以上的个体可称作年长者。Kautonen、Tornikoski和Kibler（2011）探讨了感知的年龄标准对第三年龄组创业意向的影响，他们将第三年龄组界定为45—64岁。Ahmad、Nasurdin、Halim等（2014）将40岁以上的创业者界定为年长创业者。Say和Patrickson（2012）指出30岁及以上的创业者可称作年长创业者。多数研究者将创建一个新企业或成为个体经营者时年龄在50岁及以上的创业者界定为年长创业者（如：Curran和Blackburn，2001；Hart、Anyadike - Danes和Blackburnet，2004；Kautonen、Down和South，2008；Kautonen、Luoto和Tornikoski，2013；Matos、Amaral和Baptista，2018；Zhu、Collins和Xu，2021；蒋小仙，2020）。我国鲜有研究者探讨年长创业者。不过，有部分研究者对年长员工年龄进行了界定。黄杜渐（2009）将45岁以上处于成年中晚期的员工界定为年长员工。汪长玉和左美云（2017）研究年长员工代际知识转移意愿时，将35岁及以上的员工界定为年长员工。根据我国现行退休年龄男性60周岁、女性55周岁以及高学历人才初次就业年龄推后的现状，40岁及以上处于职业生涯中晚期的创业者即符合“年长”的特点。因此，本书将年长创业者的年龄界定为40岁及以上。

二、年长创业者创业特征

（一）年长创业者创业能力和创业意向

相较于年轻创业者，年长创业者拥有更发达的人际网络、更丰富的工作和行业经验、更高的技术和管理技能水平以及更好的资金状况（Singh和DeNoble，2003），这些能够帮助他们成功创建并管理一个企业（Baucus和Human 1994；Botham和Graves，2009）。事实上，年长创业者创建的企业的存活率要高于年轻创业者（如，Cressy和Storey，1995）。Age UK（2012）调查显示：年长者创建的企业5年后仍然运作的比例为70%，而年轻人创建的企业5年后仅剩下28%。但是，研究者从不同的视角探讨年龄和已创建企业的生存之间的关系，研究结果略微存在差异（Patel和Grey，2006；

Green 等，2008）。长期失业的年长工人不太可能具有年长创业者普遍具有的技术和管理技能、最新的行业知识或者社会网络（Kautonen、Down 和 South，2008），因而退休前失业的年长者不太可能创建一个成功的企业（Hart、Anyadike - Danes 和 Blackburnet，2004；Kautonen、Down 和 South，2008）。

尽管个体年长时创建和经营一个企业的能力比较强，但是其创业动机显著降低（Kautonen，2008）。Parker（2004）研究表明年长者可能更喜欢个体经营或者经营一个企业，因为这样他们可以避免有偿工作中时有发生的强制退休，拥有更大的灵活性和对工作数量与进度更强的控制。然而，相较于年轻人，年长者往往不太可能或者不太愿意从事创业活动（Curran 和 Blackburn，2001；Hart、Anyadike - Danes 和 Blackburnet，2004；Singh 和 DeNoble，2003）。Curran 和 Blackburn（2001）列举了年长者不太愿意创业的主要原因，失去收入保障和认为自己太老是最主要的原因。Lévesque 和 Minniti（2006）运用时间机会成本来阐明创业的年龄效应。他们指出，随着个体年龄的增加，其越来越不愿意把时间投入不能产生即时回报的活动中，包括创建一个新企业。Kautonen、Down 和 Minniti（2013）研究表明，年龄和从事创业活动的倾向之间的关系在很大程度上取决于个体对其工作生活的异质性偏好。对于希望经营和投资个人企业的个体来说，年龄对创业倾向的影响呈“倒 U 形”，在 48 岁时达到顶峰，这与创业倾向随年龄增加而下降的传统观点一致。相反，对于希望自我雇用，或者不想雇用员工的个体而言，创业倾向几乎随着年龄的增加呈直线增长。对于不情愿的创业者而言（被迫创业的个体），年龄对其创业活动的影响是微不足道的。

（二）年长创业者人力资本、财务资本和社会资本

相较于年轻人，年长者拥有丰富的工作经验、更高的技术水平和管理能力以及更多的财务资源（Singh 和 DeNoble，2003；Kautonen、Down 和 South，2008）。工作经验对创业倾向影响的大小取决于经验的本质（Weber 和 Schaper，2004）。相较于有管理背景的年长者，有技术背景的年长者更可能成为创业者，因为他们可以利用自己的技术优势促进企业的创建

(Baucus 和 Human, 1994)。也有研究者指出，管理经验可以帮助年长创业者避免那些不熟悉商业技能的人可能会掉入的陷阱（如：Steiner 和 Solem, 1988；Lerner 和 Haber, 2001）。有创业经验的年长者比从事低收入、低技能职业的年长者更有可能从事创业活动（Fuchs, 1982；Mazzarol、Volery、Doss 等, 1999；Kautonen、Luoto 和 Tornikoski, 2010）。不过，Kautonen（2008）指出，一旦年长个体已经开始创建自己的企业，其新手创业者或者连续创业者的身份对其企业规模和营业额增长的影响并没有显著差异。Matricano（2018）比较了智力资本对年长创业者和年轻创业者创业意向的影响。研究结果表明，人力资本对年长创业者和年轻创业者创业意向均有显著正向影响，但年长创业者和年轻创业者并没有太大不同，不过人力资本对年长创业者创业意向的影响要大于年轻创业者。然而，相较于年轻创业者，年长创业者面临着更多挑战，如更低的健康水平、精力和生产力（Curran 和 Blackburn, 2001；Weber 和 Shaper, 2004）。比如，Singh 和 DeNoble（2003）认为，健康状况不佳会使休闲更有吸引力，从而降低退休者创办企业的动机。

积累的资金对年长者的创业倾向既有积极影响也有消极影响。一方面，资金有助于新企业的创建，但是会对创业动机有负向影响，因为个体已不需要创业创造收入（Webster 和 Walker, 2005；Singh 和 DeNoble, 2003；Kilber、Wainwright、Kautonen 和 Blackburn, 2011）。Baucus 和 Human（1994）探讨了个人网络和角色模型帮助退休者克服企业创建过程中的困难的重要性。但是，随着年龄的增长，这些关系的影响力会有所下降，而且这些关系与创业的相关性取决于个体之前的工作经验（Botham 和 Graves, 2009）。

（三）年长创业者制度和文化环境

Kautonen、Down 和 South（2008）研究表明，正式制度框架使得新手创业者处于不利地位，从而降低了年长者等弱势群体的创业倾向。接受国家福利或退休收入会阻碍年长（潜在）创业者积极寻求创业支持。Pilkova、Holienka 和 Rehak（2014）发现，年长创业者活动水平比较高的欧洲发达国家和年长创业者活动水平比较低的东欧发展中国家最大的区别是政府政策，无论是旨在支持创业的具体政策还是官僚和税收领域均如此。

Estrin 和 MIickiewicz（2011）基于制度理论研究了正式和非正式制度对创业倾向的影响。他们发现，正式和非正式制度对创业均具有很大的影响，但是在转型经济中有代际效应。前一代落后的非正式制度对年长者有很大的负面影响，导致较低的年长创业者比例以及创业倾向存在代沟。他们指出，在转型经济中，年长创业者和年轻创业者存在代沟的部分原因是落后的非正式制度。非正式制度环境，例如年龄歧视的感知和经历，也会影响年长个体所建企业的形成过程（McKay，2001；Weber 和 Shaper，2004；Kautonen、Down 和 South，2008；Kautonen、Tornikoski 和 Kibler，2011）。McKay（2001）强调，社会价值观会负向影响女性年长者创业的决策过程，正在创业的女性年长创业者也会面临一些由性别歧视导致的障碍。Kautonen、Tornikoski 和 Kibler（2011）已经证明一个地区对年长时创业的年龄标准感知如何显著削弱年长者的创业意向。他们的研究也指出，如果年长个体的家人和朋友支持他们创业，会对他们的创业意向产生积极影响。对年龄的消极知觉以及年龄歧视本身也可能对创业活动产生积极影响，因为克服这种障碍会激励年长者从事创业活动（Kibler、Wainwright、Kautonen 等，2011）。

（四）年长创业者工作方式和企业（绩效）特征

Botham 和 Graves（2009）列举了年长创业者的个人特征和企业特征。年长创业者不太可能从事高科技行业，他们倾向于向市场提供改良的产品。他们青睐金融、专业咨询、商业和农业等行业，而不是零售业和服务业，因为他们想要维持工作和休闲之间的平衡。De Kok、Ichou 和 Verheul（2010）发现，年长创业者不太可能在其创办的企业全职工作，不太愿意承担风险，对其创业技能也有着更低的感知。Zolin（2015）研究表明，尽管拥有更多的行业经验和启动经验，但是年长创业者投入创业的时间和资金相对少于年轻创业者，他们不像年轻创业者工作那么努力，但是他们投入的时间和资金对净利润的影响要大于年轻创业者。年长创业者创业更加“精明”，而不是“努力”。

（五）年长创业者创业的经济和社会效益

年长者创业不仅给年长者自身带来经济和社会效益，对整个社会也具有很大的益处（Curran 和 Blackburn，2001；Singh 和 DeNoble，2003；Weber 和 Schaper，2004；Halabinsky、Potter 和 Kautonen，2012）。即使年长者创业并不一定产生可能影响经济发展的创新和高增长企业，但是这种创业仍然是减轻退休金和社会保障金带来的负面压力的有效措施，并且能够为失业者带来工作机会（Kautonen、Down 和 South，2008）。总体而言，年长者创业有 3 个显著的好处（Kibler、Wainwright、Kautonen 等，2011）：第一，创业增加可以降低劳动人口的抚养比，减少政府相关支出（Curran 和 Blackburn，2001），成为缓解经济和社会所面临压力的一个工具。第二，年长劳动力拥有的大量人力资本得以释放造福于经济（Botham 和 Graves，2009），同时可以增加提升对年长者的社会包容（Kautonen、Down 和 South，2008）。第三，退休后的商业机会可以为储蓄和养老金不足的年长者提供生活费用（Weber 和 Schaper，2004）。

三、年长创业者创业动机

（一）年长创业者创业动机维度

有研究表明，很多年长者出于收入增加和实现自己工作灵活和独立的机会，选择创业（McKay，2001；Weber 和 Shaper，2004；Kautonen，2008；Kautonen、Luoto 和 Tornikoski，2010）。保持活跃也是年长者创业的一个驱动因素（Weber 和 Shaper，2004；Kautonen、Down 和 South，2008）。Wainwright、Kibler、Kautonen 等（2015）指出，如果不能理解年长者创业动机的多样性，就很难为他们提供有针对性和恰当的指导，同时也会削弱本领域研究的严谨性（见表 1－3）。

表 1－3　　年长创业者创业动机的维度结构

文献	维度
Singh 和 DeNoble（2003）	受约束的创业者、理性创业者以及不情愿的创业者
Wainwright、Kibler、Kautonen 等（2015）	年长企业家、生活方式冒险者、需要冒险者
Kautonen、Down 和 South（2008）；McKay（2001）；Weber 和 Shaper（2004）	收入增加、实现自己商业想法、工作灵活和独立、保持活跃

Singh 和 DeNoble（2003）将年长创业者分为 3 类：受约束的创业者、理性创业者以及不情愿的创业者。受约束的创业者指的是表现出相对较高水平的创业愿望，但是由于各种限制没能在其职业生涯阶段创业的退休者。受约束的创业者是创业导向的，一旦其感知潜在的约束和障碍消失，他们就会决定创业。理性创业者代表的是一群退休者，这些退休者决定创业仅仅是基于创业与之前工作岗位的利益比较。理性创业者不太可能将自我雇用视为自我实现，他们决定创业更多是基于收入来源的考虑。不情愿的创业者是指那些找不到工作才选择创业的退休者，他们将创业视为重返工作生活的最后方式。

Wainwright、Kibler、Kautonen 等（2015）认为，Singh 和 DeNoble（2003）对年长创业者创业动机的考察仅聚焦于退休后的年长创业者的创业活动，而年长者创业既可能发生在退休前，也可能发生在退休后。因此，他们将 50 岁以上的年长者作为受访者，归纳出 3 类创业者：年长企业家、生活方式冒险者、需要冒险者。年长企业家通常 50 岁或以上，但并不一定计划工作到国家法定养老金领取年龄。他们计划在国家法定养老金领取年龄之后退休或者兼职，但总的来讲，他们有正式的退休计划。这些年长者的创业动机与年轻创业者的创业动机相差并不大，他们追求独立，并对企业成长和财务回报感兴趣（Kautonen、Down 和 South，2008）。生活方式冒险者往往 50 岁以上并接近退休年龄，甚至超过国家法定养老金领取年龄。这些年长者创业是为了补充退休后的养老金收入，希望生活得自由和舒适，不愿依赖于减少的养老金或全职工作。此外，生活方式冒险者之所以创业也可能是基于兴趣或爱好的驱使（Weber 和 Shaper，2004），这使得他们能够通过商品和服务的销售获得人们对其工作和才能的认可。需要冒险者通常 50 岁以上并超过法定退休金领取年龄。他们创业的动机是财务需要，因为他们没有足够的储蓄和投资来支撑退休后的生活，或者是他们年轻时没有能力储蓄足够的资金，或者由于家庭变故他们原有的收入来源变得不再可能。

（二）年长创业者创业动机影响因素

年长员工对“自愿”和“非自愿”离职的认知，会拉动或者推动他们创业（Baucus 和 Human，1994）。Zissimopoulos 和 Karoly（2007）指出，由于拉动因素和推动因素，未来年长创业者数量很可能增加。其中，拉动因素是指将有越来越多具有经验、专门技能和财务手段的退休者希望保持经济活跃。创业可以帮助他们保持一种生活方式或提供一种比在组织中作为雇员更为灵活的替代。推动因素则是指年长员工被传统劳动力市场因素推出，例如，年长者会面临年龄歧视和劳动市场中有限的培训机会等问题，他们很容易对当前工作和职业发展机会不满意（Brown，2000；Webster 和 Walker，2005；Singh 和 DeNoble，2003；Kibler、Wainwright、Kautonen 等，2011）。缺乏有吸引力的就业选择（Porcellato、Carmichael、Hulme 等，2010）、被裁员、养老金不足（Kautonen、Down 和 South，2008；Weber 和 Shaper，2004）等也是创业的推动因素。在这种情况下，创业可能是年长者希望恢复经济活动的唯一选择（Kibler、Wainwright、Kautonen 等，2012）。Kautonen 等（2008）指出，处在退休边缘的年长者可能将小规模的创业活动视作使他们保持活跃的积极方式，由此提升对他们的社会包容和利用他们的人力资本和社会资本为社会做贡献。年长个体的创业态度和自我效能感与他们成为创业者的愿望正相关（Singh 和 DeNoble，2003；Kautonen、Luoto 和 Tornikoski，2010；Kautonen、Tornikoski 和 Kibler，2011）。

四、年长创业者创业障碍

年长创业者创业动机的研究已经取得一些有价值的见解（如：Curran 和 Blackburn，2001；McKay，2001；Singh 和 DeNoble，2003；Kautonen、Tornikoski 和 Kibler，2011），但是对影响年长创业者的各种创业障碍的了解还相对缺乏。英国一项对有创业意向年长者的调查显示，45%的受访者创建了企业，41%推迟了创业行为，剩余的则放弃了创业的想法（PRIME，2010）。这表明有相当多的英国年长者想要创建一个企业，但是他们遇到了大量的障碍（Kibler、Wainwright、Kautonen 等，2011）。

创业活动嵌入多种环境中，这些环境会对个体的创业活动和企业形成过程产生积极或消极的影响（Welter，2011；Kibler、Wainwright、Kautonen

等，2012）。主流创业文化认为创业是年轻人的活动，年长创业者很难适应这个文化（Anderson 和 Warren，2011；Mallet 和 Wapshott，2015）。这意味着，相较于年轻创业者，年长创业者在创业过程中会遇到更多的障碍。然而，鲜有研究者考察年长创业者在创办企业过程中和企业成立初期遭遇的创业障碍（Kibler、Wainwright、Kautonen 等，2011）。与年轻创业者类似，年长创业者也会面临诸如金融资本、社会资本和人力资本等障碍（Roper 和 Scott，2009；Kessler 和 Frank，2009）。另外，年长创业者还会遭遇一些其年龄段特有的创业障碍。一些研究者探讨了年长创业者可能遇到的创业障碍，例如，风险规避和有限的时间分配（Lévesque 和 Minnit，2006；Lévesque 和 Minnit，2011）、与可获得的商业支持的有限互动（Lewis 和 Walker，2013）、感知和体验的年龄歧视（Weber 和 Schaper，2004；Kautonen、Down 和 South，2008；Kautonen、Tornikoski 和 Kibler，2011；McKay，2001）。不同类型的年长者感受到的创业障碍强度不同（Kibler、Wainwright、Kautonen 等，2011）。年长创业者面临的其年龄段特有的创业障碍主要包括感知的年龄歧视和照料障碍。

（一）感知的年龄歧视

Estrin 和 MIickiewicz（2011）发现前一代落后的非正式制度对年长者有很强的负面影响，导致年长创业者比例较低以及创业倾向存在代沟。人们通常认为在年老时掌管企业是一种偏离社会共识的活动，他们往往存在一种感知，即年长者不应该参与新的经济活动或就业（Kibler、Wainwright、Kautonen 等，2012）。在社会中感知到的年龄歧视对年长创业者来说不仅是一种抽象的障碍，还是一系列阻碍其创业活动的外部实践（Kibler、Wainwright、Kautonen 等，2012），会影响年长者的企业形成过程（McKay，2001；Weber 和 Shaper 2004；Kautonen、Down 和 South，2008；Kautonen、Tornikoski 和 Kibler，2011）。Zhang（2008）指出，文化中的年龄歧视和对年长者的排斥对创业具有负向影响。Kibler、Wainwright、Kautonen 等（2011）指出，年长创业者遭遇的年龄歧视是其企业创办和发展过程中感知到的一个关键障碍，他们考察了年长创业者的创业活动是如何被其最直接的社会环境，如家人、朋友和客户网络中的年龄歧视障碍削弱的。Kautonen、Tornikoski 和 Kibler（2011）研究表明，当年长者感知到周围的人认为任何年龄段的人创业都是合适的时候，他们的创业意向会增强。McKay（2011）发现，年长者认为他们的年龄并不会限制他们，他们感觉自己要比实际年龄年轻，他们将感知到的年龄歧视视为一个外在的障碍。

（二）照料责任

Kibler、Wainwright、Kautonen 等（2011）研究表明，年长者可能出于某种动机想要创办一个企业，但是照料责任可能会成为障碍，阻止他们从事创业活动，直到他们不再需要为亲人提供照料。照料责任通常包括对年长一代的照料责任和对年轻一代的照料责任。对年长一代的照料责任指的是对生病或需要照料的父母或配偶的照料责任。而对年轻一代的照料责任指的是对成年子女，尤其是对孙子女（外孙子女）的照料责任。照料责任使年长创业者可以投入企业中的时间受到限制。而且，相较于年龄歧视，照料责任很难避免，往往是年长创业者必须承担的。不过，由照料责任所产生的创业障碍可能在强度上存在差异，从而对年长创业者投入企业中时间的影响也不同。

（三）年长创业者创业障碍的群体差异

许多年长创业者在企业创建初期面临的资金困难与50岁以下的创业者面临的困难并没有显著差异，但是有些年长创业者有着更强大或更灵活的财务状况。收入较低的年长创业者，包括失业或领取较少养老金的年长创业者，并不总是能够从积累的资金中获益（Kibler、Wainwright、Kautonen等，2011），资金障碍成为其创业面临的主要障碍（Kautonen、South 和 Down，2008）。学者们强调了年长创业者如何运用以前工作中积累的社会资本帮助他们从事创业活动的（Baucus 和 Human，1994；Singh 和 DeNoble，2003；Weber 和 Schaper，2004）。Kibler、Wainwright、Kautonen 等（2011）研究表明，年长创业者拥有的社会资本存在差异。已经退休或失业的年长个体社会资本不断减少而且较难产生新的社会资本。在创业前仍在工作的年长者在企业创建初期往往可以继续利用社会资本，减少创建过程中的社会资本障碍。Kibler、Wainwright、Kautonen 等（2011）发现，社会指导和支持对创业初期的年长创业者非常重要，尤其是新手创业者。连续创业者在创建和经营企业方面具有经验，对其管理能力有信心，而新手创业者更多依赖社会支持和指导，他们往往通过与其他年长创业者建立联系和交流经验建立自己的信心。新手创业者经常向家人和朋友寻求支持，但是这些人的经历和工作背景使其提供的支持种类多样。有创业经历的家人和朋友能够对企业创建初期的年长创业者提供支持，而那些没有创业经历的家人和朋友则很少能够对年长创业者提供帮助，甚至会阻碍年长创业者的创业活动。

当前，年长创业者领域的研究已经取得一定的进展，但是该领域的研究还是相对缺乏，也存在着一定的局限性：（1）缺乏年长创业者创业动机维度及其影响因素的系统研究。学者们多从年长创业者和年轻创业者比较的角度，探讨哪些因素会促使年长者创业，而缺乏年长创业者创业动机及其影响因素的系统研究。不同的个体可能受到不同因素的影响而产生不同的创业动机，而目前的研究并没有对这个问题进行更深入的探讨。（2）缺乏对年长创业者创业障碍的研究。相较于年轻创业者，年长创业者具有各种各样的资源优势。但是，尽管如此，在创业过程中，他们也会不可避免地遇到各种障碍。识别这些障碍可以帮助年长创业者更清晰认识创业活动，更全面评估自身所具有的优劣势，从而提高他们创业的成功率。同时，识别年长创业者创业障碍也有利于政府和机构更有针对性地提供支持和帮助措施。因而，探讨年长创业者遭遇的创业障碍很有必要。然而，现有研究多聚焦于年长者个体特征和所有资源对其创业意向或创业动机的影响，而忽略了创业障碍方面的研究。（3）缺乏年长创业者创业动机效能机制的研究。当前研究者对年长创业者创业动机的研究多集中在创业动机的维度及影响因素上，缺乏对其效能机制的研究。单纯研究创业动机的产生并不会对社会和经济的发展起到促进作用，只有将创业动机与创业行为连接起来才能真正对国家经济发展和缓解人口老龄化现状起到作用。

第三节 新创企业成长研究

一、新创企业及新创企业成长的内涵

（一）新创企业界定

关于新创企业的界定，学术界存在着多种观点。Weiss（1981）认为新创企业是成立7年之内的企业，如此界定的依据是企业成立7年之内往往是不盈利的，7年之后才普遍开始盈利。McDougall、Covin和Robinson（1994）将生存年限低于8年的企业界定为新创企业。新创企业从生存期和成长期向成熟阶段过渡平均需要8年，但这一时限会受到企业所处行业、企业资源和战略等因素的影响（Kazanjian和Drazin，1990）。Chrisman、Bauerschmidt和Hofer（1998）认为，在创业企业没有达到成熟阶段之前，它都可以被称为新创企业。全球创业观察的研究中将42个月（3.5年）作为新创企业的成立时限，企业经营超过42个月则脱离新创企业的行列。胡望斌、张玉利和牛芳（2009）对时间界限采用折中的方法，将成立时间在5年内的企业定义为新企业。Baum、Bird和Singh（2011）认为，在新创企业的实证研究中4年是一个节点，因而，新创企业的界定应以4年为期限。Batjargal、Hitt和Tsui（2013）在对创业者社会网络与新创企业成长关系的研究中，延续了Zahra（1996）的观点，认为成立时间在8年及以下的财务与管理独立的私营企业属于新创企业。根据Batjargal、Hitt和Tsui（2013）的研究，本书将新创企业界定为由一个或者几个创业者创办的成立时间在8年以内的企业。

（二）新创企业成长的内涵

亚当·斯密（1776）最早开始企业成长的研究，他认为劳动分工将企业成长与企业规模联系了起来。马歇尔（1890）将企业规模由小变大、竞争力由弱变强的过程视作企业成长。Penrose（1995）认为企业成长是企业挖掘、筛选、利用内部未开发资源的动态过程。同时，认为企业的资源状况是决定企业成长的关键因素，通过提升组织学习和知识积累能力有利于增加企业的资源积累。对企业成长的理解经历了从重视“量”到重视“质”的发展过程。Chandler（1992）认为，企业成长是企业实现规模经济或范围经济，充分利用技术和市场，使企业生产和分配领域不断变革的过程。我国学者对企业成长问题也展开了相当多的研究。张多中和王欣（1998）认为，企业成长不能仅仅关注规模扩张，更重要的是市场应变能力、创新能力和经济实力的提升，即企业成长的本质在于“企业素质的提高”。邬爱其（2004）认为企业“量”的成长与“质”的成长是相互促进的。量的成长为质的成长奠定基础，质的成长又反过来促进量的成长。刘学军（2006）认为企业成长是在一段较长时间内，通过不断协调外部环境要素将企业由小变大、由弱到强、结构优化、不断变革，使其适应动态变化环境可持续性成长过程。新创企业成长处于企业生命周期的前端，是新创企业成熟之前的阶段（王迎军和韩炜，2011）。Hite 和 Hesterly（2001）将新创企业成长过程细分为新创企业生成后的“生存阶段”和“初期成长阶段”。新创企业通过实现成长对抗生存压力，同时实现成长也是新创企业追求的长期目标（胡望斌、张玉利和牛芳，2009）。本书认为新创企业成长是通过与内外部环境相互作用，新创企业规模由小变大、实力由弱变强的动态发展过程。

二、新创企业成长测量

关于新创企业成长的测量，学术界尚未形成一致意见。现有研究中比较常见的衡量指标包括雇员增长、销售收入增长、市场份额增长、利润增长等。现有实证研究中，新创企业成长的测量有用一个指标的，也有多个指标共同使用的。Chandler（1992）用销售额一个指标测量新创企业成长。除销售额之外，雇员数量也是企业成长常用的测量指标。Chaganti、Cook和 Smeltz（2002）在分析领导风格、战略选择与小企业成长的关系时，选择雇员数量作为企业成长的测量指标。Barringer、Jones 和 Neubaum（2005）在对 50 家快速成长的企业和 50 家低速成长的企业进行研究时，选择雇员数量和销售额作为衡量企业成长的指标。李新春、梁强和宋丽红（2010）认为，新创企业成长绩效的测量有多种方法，但是在创业成长理论研究中最为普遍的衡量指标是企业雇员、销售额和市场份额（Gilbert、McDougall 和 Audretsch，2006）。雇员增长表示随着创业企业经营的成长对人力资源增长的需求，同时也体现了为社会创造就业的社会绩效（Kirchhoff 和 Phillips，1988）。而销售额和市场份额则衡量了客户对新创企业产品的接受程度，在一定程度上也体现了产品的市场竞争力（Robinson，1999）。李新春、梁强和宋丽红（2010）根据现有研究选取了雇员增长率和销售额两个指标，并在此基础上加入了利润额，来综合衡量企业成长。Cavazos、Patel 和 Wales（2012）指出应采用多个指标进行企业成长的测量。他们认为要衡量新创企业成长，应当将员工人数增长、销售额增长和营业利润增长 3 个指标结合起来。Wiklund、Davidsson 和 Delmar（2003）也指出，对于新创企业成长绩效的测量，应综合运用财务指标和获利潜能指标。财务指标，如销售额、净利润的增长等。另外，考虑到很多初创企业出于市场战略定位的需要，往往在开始的相当长时间内处于非盈利状态，但实际上却具有市场竞争力，因此应当加入获利潜能指标来反映企业未来获利能力，如市场份额的增长和员工人数的增长等。胡望斌、张玉利和牛芳（2009）指出新创企业成长表现在企业盈利水平、成长潜力以及与其他企业相比较的相对业绩上（见表 1－4）。

表 1－4　新创企业成长测量指标

<table>
<tr><th></th><th>测量指标</th><th>文献来源</th></tr>
<tr><td rowspan="4">新创企业成长</td><td>员工人数增长、销售额增长和营业利润增长</td><td>Cavazos、Patel 和 Wales（2012）</td></tr>
<tr><td>雇员数量和销售额</td><td>Barringer、Jones 和 Neubaum（2005）</td></tr>
<tr><td>雇员增长、销售额增长、利润额增长</td><td>李新春、梁强和宋丽红（2010）</td></tr>
<tr><td>净利润、企业净资产回报率；市场占有率、销售收入增长率；相对于主要竞争对手的销售收入的增长率、市场占有率以及税前利润增长率</td><td>胡望斌、张玉利和牛芳（2009）</td></tr>
</table>

三、新创企业成长影响因素

新创企业成长是多种因素共同作用的结果。实施创业战略的资源、结构、过程和系统（Chrisman、Bauerschmidt 和 Hofer，1998）、创业导向和技术能力（Lee、Lee 和 Pennings，2001）、学习能力（蔡莉和尹苗苗，2009）等无形的组织资源形成新创企业的内部能力，成为构建竞争优势和促进新创企业成长的基础（李新春、梁强和宋丽红，2010）。Gartner（1985）提出了包含个人、组织、环境及运作过程的创业概念模型，从企业家特质、创建企业类型、影响新创企业的外部条件等方面分析影响创业企业成长的关键要素。Sandberg 和 Hofer（1987）提出了“企业家—战略—行业结构”模型。在此基础上，Chrisman、Bauerschmidt 和 Hofer（1998）指出，新创企业绩效的决定因素包括企业家、行业结构、企业战略、资源、组织结构、运作过程和系统等。夏清华（2008）研究指出，新创企业成长受到创业者资源、产业吸引力（机会价值）、创业行为和组织学习的影响。

创业者是新创企业成长的重要资源。相较于成熟企业，新创企业对创业者的依赖更加显著（张梦琪，2015）。Tang 和 Murphy（2012）发现，创业者年龄、人际关系与新创企业发展呈正相关关系。随着创业者年龄的增长和个人社会关系、经验和能力的积累，新创企业也不断得到发展。Davidsson（1991）认为，年龄与企业成长呈负相关关系，因为年轻的创业者更愿意承担风险，具有更强的企业成长期望。Amason、Shrader 和 Tompson（2006）通过实证研究发现，创业团队年龄组成、教育程度、专业等方面的差异能够显著正向影响新创企业成长。创业者资源获取、机会选择与管理能力对新创企业成长具有显著影响（Thakur，1999）。在企业新创阶段，创业者行为反映了整个企业的战略和发展特征（Chandler 和 Jansen，1992），影响企业成长绩效（Baum、Locke 和 Smith，2001）。其中，创业者最重要的角色是观察环境、选择良机并制定合适的战略以利用这些机会，这些角色对企业成长具有显著促进作用（Chandler 和 Hanks，1994）。Storey（1994）认为企业成长受到企业家创业动机、行业背景及管理经验、企业年龄及规模、企业市场定位、企业战略等因素的共同影响。Ciavarella、Buchholtz、Riordan 等（2004）通过探讨创业者“大五”人格特质与新创企业成长之间的关系，发现创业者责任感与新创企业成长正相关，而外向性、情绪稳定性和随和性等特质与新创企业成长的关系并不显著。杨俊（2005）将创业者能力与企业成长相联系，认为创业者能力通过创业机会和资源的相互作用进而对企业成长产生重要的影响。贺小刚和沈瑜（2007）认为企业家团队抱负、决策能力、异质性等企业家团队资本对新创企业成长具有重要促进作用。田莉和龙丹（2009）认为，先前经验能够提高创业者的决策能力，从而显著促进新创企业的生存与成长绩效，这是因为先前经验能够使创业者积累创业相关的知识，让创业者知道从哪里获得创业信息和所需的资源，以及如何有效利用创业资源。付宏（2013）指出，在中国的制度和社会文化背景下，社会网络能够为企业成长提供强有力的外部支持，从而有利于新创企业的生存与发展。不过，在绩效前景仍然具有很多不确定性的初创阶段，新创企业主要依靠创业者个人关系网络形成互惠和信任的嵌入性关系获取外界的资源承诺（Uzzi，1996）。

第四节　创业动机与新创企业成长关系研究

创业动机作为激发、维持、调节人们从事创业活动，并引导创业活动朝向某一目标的内部心理过程或内在动力（曾照英和王重鸣，2009），是个体创业行为发生的起点和推动力，会对新创企业成长产生显著影响。Bird（1988）认为初创公司的模式和发展方向，以及随之而来的企业组织的成功、发展（包括制订计划）、成长和改变都建立在公司创立时创业者的创业动机上。基于组织行为理论，Winter（2000）从理论上论证了企业家和高层管理者的动机能够提高企业绩效。Baum、Locke 和 Smith（2001）指出创业动机能够显著影响公司成长。Shane、Locke 和 Collins（2003）认为，创业动机对创业行为的产生具有显著影响，同时，还会影响到创业者创业机会的识别、创意的产生以及对创业行为的管理等，并最终影响到企业的创业绩效。

创业动机的不同使得创业者在创业过程中的关注点不同，并且会对创业者的行为决策产生重要影响。Shane 和 Venkataraman（2000）指出，个体创业动机的不同，使人们在创业过程中表现出不同的意愿和能力，从而使创业过程呈现出各种差异。Solymossy（1996）根据创业动机的不同将创业者分为推动型与拉动型创业两种，研究结果表明，不同创业动机的创业者在创业绩效、顾客满意度、网络利用、技术水平及继续创业的信心上均存在较大差别。Storey（1994）认为，企业成长受到企业家创业动机、行业背景及管理经验、企业年龄及规模、企业市场定位和企业战略等因素的共同影响。Robichaud、Mcgraw 和 Roger（2001）探讨了内部动机、外部动机、独立自主和家庭取向与利润、销售额和风险资金获取之间的关系，结果发现，外部动机（如个人收入、舒适的生活）与公司销售额和个人获取的利润正相关，而内部动机（如挑战、个人成长和社会承认等）与销售额、利润和个人所得负相关，独立自主与公司利润正相关。何志聪（2004）研究指出，企业家创业动机包括成就导向、控制导向和保障导向 3 个维度，并且创业动机对企业经营绩效具有显著的直接影响。成就导向越强，企业成长性越高，但企业的获利性并没有呈现越高的趋势；控制导向与企业获利性正相关；保障导向与企业成长性、获利性均负相关。

年长创业者创业动机对新创企业成长的影响研究还非常鲜见。当前，学者们多从年长创业者创业的经济和社会效益探讨年长创业者创业的好处。例如，年长劳动力拥有的大量人力资本得以释放造福于经济（Botham 和 Graves，2009），同时可以增加年长者的社会包容（Kautonen、Down 和 South，2008）；年长创业者创业不仅给自身带来经济和社会效益，对整个社会也具有很大的益处（Curran 和 Blackburn，2001；Singh 和 DeNoble，2003；Weber 和 Schaper，2004；Halabinsky、Potter 和 Kautonen，2012）。此外，Zolin（2015）探讨了年长创业者投入的时间和金钱对其企业绩效的影响，他发现，尽管年长创业者不像年轻创业者工作那么努力，但是他们投入的时间和资金对净利润的影响要大于年轻创业者。但是，年长创业者创业动机对其企业成长影响的研究仍然非常匮乏。由此，本书试图运用扎根理论方法建构年长创业者创业动机产生、维度及其对新创企业成长影响的动态过程模型，并对该理论模型进行实证检验。本书将年长创业者创业动机与企业成长连接起来，丰富了年长创业者创业和企业成长领域的研究，也对激发年长者从事创业活动产生了很好的指引作用。

本章小结

本章对创业动机、年长创业者、新创企业成长以及创业动机与新创企业成长关系的相关研究进行了梳理，发现现有研究已经取得十分显著的进展，创业动机研究涉及创业动机概念、维度、影响因素以及创业动机动态发展等内容，年长创业者研究涉及年长创业者创业特征、创业经济和社会效益、工作方式与企业绩效以及创业障碍感知等，创业动机与新创企业成长的关系也受到学者们的关注。然而，当前研究仍存在一些不足之处：缺乏动态过程分析；年长创业者创业动机及其影响因素的研究还非常匮乏，且相对粗糙、不够系统；年长创业者创业动机效能机制的研究更是非常鲜见。年长者创业作为缓解人口老龄化压力的一个重要措施，有着重要的经济和社会效益，但是年长者创业的出发点更多的是基于自身的考虑，因此，年长创业者创业的企业成长绩效应当引起研究者的关注。基于此，本书运用扎根理论，着眼于年长创业者创业动机，探讨年长创业者创业动机的产生、维度及其对新创企业成长影响的动态发展过程，这将大大推进对年长创业者创业领域的研究，同时，也对激发更多年长者投身于创业事业起到极大的鼓舞作用。

第二章

理论基础与研究设计

第一节 理论基础

一、创业动机理论

经典创业动机理论主要包括推动理论和拉动理论、创业解放理论、简单和复杂创业动机理论（段锦云、王朋和朱月龙，2012）。Gilad 和 Levine（1986）提出了创业动机的推动理论和拉动理论。推动理论是指个体被外在的消极因素“推着”去创业，例如，对当前工作的不满意、寻找工作困难、工资低、非弹性工作制等消极因素激活了潜在创业者的才能。而拉动理论是指个体在创业活动中被寻求独立、自我实现、财富及其他合理的动机所吸引。Rindova、Barry 和 Ketchen（2009）从解放的视角对创业过程进行了阐述。他们认为个体创业的目的是打破权威束缚，追求自主，改变目前的社会地位，努力消除各种约束因素，并指出创业过程包含寻求自主、创作、做出声明 3 个核心要素，希望获得自主是驱使个体创业的主要动力。依据马斯洛的需要层次理论，顾桥、梁东和赵伟（2005）提出了简单创业动机理论和复杂动机理论。简单创业动机理论包括经济性和社会性两个维度。但实际上，在整个创业过程中，创业者的创业动机往往是不断变化的。为此，顾桥等（2005）又提出了包括动机、创业者发展和企业发展 3 个维度的创业动机复杂理论，反映了创业者在创业过程中的生命周期、企业的生命周期与创业动机的空间关系。

基于创业动机理论，本书得到两个启示：第一，相当一部分年长者在多年的职业生涯中积累了丰富的经验、人脉和资源，这些会激发他们追求独立自主，实现人生价值等目标。除此之外，随着人口老龄化程度的加剧，一部分年长员工可能遭遇职场中的年龄歧视，从而被迫选择创业。第二，在整个创业过程中，创业者的创业动机可能会不断发生变化，因此，应当从更全面、复杂的角度研究创业动机。随着创业活动的开展，年长创业者的创业动机可能会发生变化，而这种变化了的创业动机可能会对其企业成长产生影响。

二、自我实现理论

马斯洛（1987）认为，人们内心深处存在着一种趋势或需要，它引导着人们向一定方向成长，这个方向一般可以概括为自我实现，或心理的健康成长。自我实现需要是人的一种高级需要，如果被剥夺或阻塞，会让人们产生“生活缺乏价值观念，缺乏意义感和充实感”的感觉。这对人们来说是一种深层次、更本质的压力。因此，当基本生存需要得到满足之后，人们就会产生如何生存得更好，与自我发展有关的需要。此时，人们开始受到新的超越性动机的支配和驱动。作为一种价值追求，自我实现是人的能动的社会化的成长过程，是人的自身潜能和价值、理想目标的实现，是人对自身能力的肯定和对现实自我的超越（马旭东，2006）。

基于自我实现理论，本书得到两个启示：第一，年长者在多年的工作中已经具有一定的经济基础，家庭也逐渐趋于稳定。他们有机会重新评估自己的目标和抱负，这时有的年长者逐渐意识到“生活缺乏价值观念，缺乏意义感和充实感”，而创业作为一种职业生涯选择，相当具有吸引力。第二，年长者在多年的职业生涯中，积累了大量的工作经验、资金、社会资本等，这些资源会增强他们的信心，也会让他们对自己的人生有更高水平的期望，而创业能够为个体带来的心理和物质满足感是其他职业选择所无法提供的（McClelland，1989）。

三、传承理论

Erikson（1950）最早提出传承的概念，他认为传承是一种对孕育、教养下一代过程的关注，并希望通过这个过程来延续自己的影响。他指出，传承在形式上不仅限于养育子女或孙子女，还可以通过教学或指导、生产或创造以及自我传承或自我发展来表现。它可以延伸到工作、政治、爱好和艺术等诸多领域中，或者是“维护世界”中。Kotre（1984）指出，传承可以通过博爱（涉及对他人的照顾和抚育）和奉献（个体对社会的创造性、科学性或创业的贡献）两种不同的途径或方式体现。传承感比较强的成年人常常具有很高的责任感（Mcadams，Diamond、Ed 等，1997），他们往往都有“牺牲我一个，幸福天下人”的济世情怀，义无反顾地投身到社会进步的事业中去，并克服重重阻碍取得积极的成果。Brandtstädter 和 Rothermund（2010）提出，随着年龄的增长，个体越来越重视内在的、有价值和意义的、超越自我不受时间限制的公益性行为，而对工具性的个人利益越来越不看重。

基于传承理论，本书得到 3 个启示：第一，相较于其他工作，创业具有一定的挑战和风险（McClelland，1987），有些年长者可能希望通过创业获得内心的充实和情感的满足，或者获得个人的成长和发展，从而产生创业动机，并成为创业者。第二，大多数年长者均已组建家庭，并已有孩子，改善家庭生活质量和为孩子创造更好的发展平台，可能成为年长创业者创业的一个重要动机。第三，承担社会责任可能是传承感比较强的年长者选择创业的一个重要原因。

四、社会认知理论

Bandura（1986）提出社会认知理论，即环境、认知因素和人的行为三者之间构成持续动态的交互互惠关系，任意两个因素之间均存在着双向关系，并且在不同环境、个体和行为作用下不断改变。该理论探讨 3 种元素之间的交互关系：首先，人与其行为的交互关系表明人的认知与思维决定其行为选择，而思维与认知的改变将扩散到个体行为上。其次，环境与行为的交互关系表明环境能够修正行为过程，而行为也能改变环境中的个人状态与社会形态。最后，人与环境的动态关系反映了人的意识、认知与思维是在环境中形成的，并受到环境的调整。由此可见，个体的行为决策是个体认知与环境因素共同作用的结果。该理论已经被广泛应用于理解与预测行为选择与行为特征。

基于社会认知理论，本书得到3个启示：第一，年长创业者创业动机的产生可能受到个体和环境多种因素的影响。不同的个体因素和环境因素，导致年长创业者产生不同的创业动机。第二，企业成长绩效也可能是个体因素和环境因素相互作用的结果，即年长创业者在创业中会不可避免地遇到各种困难，而不同创业动机的年长创业者可能对这些障碍产生不同的障碍感知，从而产生不同的企业成长绩效。第三，随着时间的变化，年长创业者创业动机可能会发生变化，这种变化了的创业动机可能会对年长创业者的企业成长绩效产生影响。

第二节　研究设计

一、研究构思

本书拟解决3个关键问题：（1）年长创业者创业动机由哪些维度组成？（2）年长创业者创业动机是如何产生的？不同的影响因素如何导致了年长创业者不同的创业动机？（3）年长创业者创业动机对新创企业成长的作用机制是怎样的？随着创业活动的开展，年长创业者创业动机的变化对其企业成长产生怎样的影响？因此，本书的研究逻辑是：首先，探讨年长创业者创业动机的维度结构，并识别年长创业者创业的最主要动机。其次，识别年长创业者创业动机产生的影响因素，重点关注这些影响因素的差异如何导致了年长创业者最主要创业动机的差异。最后，阐明年长创业者创业动机对新创企业成长的作用机制，即探讨年长创业者创业动机的差异如何导致新创企业成长的差异，重点关注创业障碍感知和年长创业者创业动机变化对两者关系的影响。由此，本书建构出年长创业者创业动机产生、维度及其对新创企业成长影响的动态过程模型。本书构思框架如图2－1所示。

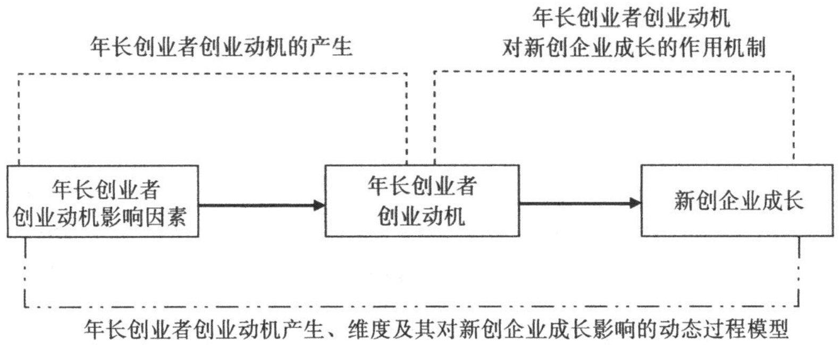

图2－1　研究构思框架

二、研究方法

围绕拟解决的关键问题，本书采用定性和定量相结合的研究方法。具体研究方法如下：

（一）文献研究法

通过系统地搜索、阅读和梳理年长创业者研究领域的相关国内外文献，找到研究的切入点，通过聚焦研究问题、确定研究方法、提出研究假设等，建构出本书的理论研究框架，为下一步的研究打下坚实的理论基础。

（二）访谈调查法

本书选取不同行业、不同背景年长创业者30名，对其开展半结构化访谈，收集创业动机方面的信息或事件，用以构建年长创业者创业动机产生、维度及影响的动态过程模型。

（三）扎根理论方法

本书采用扎根理论方法从过程导向的视角探讨年长创业者创业动机产生、维度结构及其对新创企业成长的影响。本书严格遵循扎根理论提出问题、数据收集、数据分析和理论建构的研究步骤，建构年长创业者创业动机产生、维度及其对新创企业成长影响动态过程的理论模型。

（四）问卷调查法

在文献回顾和扎根理论构建的理论模型基础上，编制正式调查问卷，并采用纸质问卷与网络问卷相结合的方式发放调查问卷，获得年长创业者创业动机维度及其影响因素、创业障碍感知以及新创企业成长等数据，为假设检验做准备。

（五）统计分析法

运用 Nvivo11.0 对访谈数据进行编码分析。运用 Spss24.0 和 Amos18.0 对年长创业者创业动机的维度、产生路径和影响机制进行统计分析。主要的统计分析方法有描述性统计分析、探索性因子分析、验证性因子分析、相关分析、回归分析、结构方程等数理统计方法。

三、研究技术路线

本书运用定性和定量相结合的方法，构建年长创业者创业动机产生、维度及其对新创企业成长影响的动态过程模型。首先，本书运用扎根理论从过程导向的视角建构年长创业者创业动机产生、维度及其对新创企业成长影响的理论模型。然后，通过定量研究对上述模型进行实证检验。拟采用的技术路线如图 2 –2 所示。

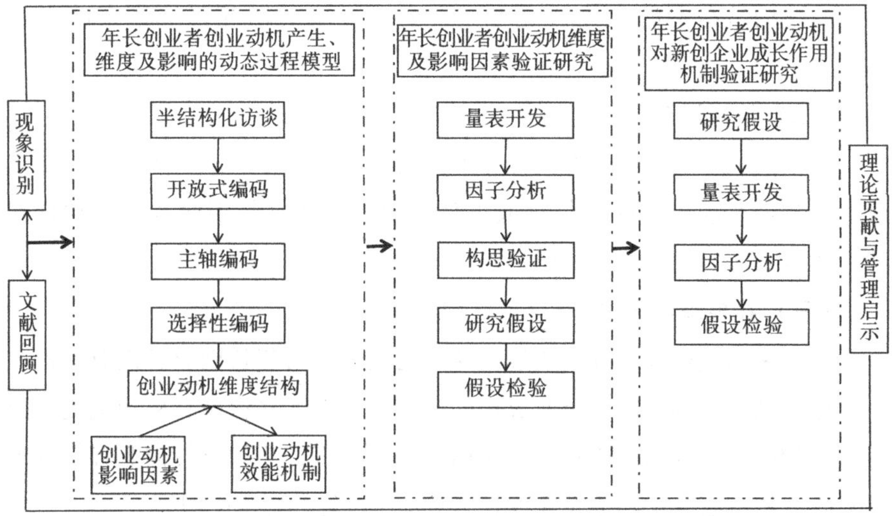

图 2 –2　本书的技术路线

第三章

年长创业者创业动机产生、维度及影响的动态过程模型

当前，学者们多从年长创业者和年轻创业者比较的角度探讨年长创业者创业动机产生的影响因素，对于年长创业者创业动机的划分也比较粗糙，尚未形成系统研究。而且，不同个体可能受到不同因素的影响而产生不同的创业动机，但目前的研究并没有对这个问题进行更深入的探讨。此外，也鲜有研究者探讨年长创业者创业动机的效能机制。扎根理论作为一种质性研究方法，可以从过程导向的视角提供丰富的数据（如，Kautonen、Luoto 和 Tornikoski，2010）。因此，本章拟采用扎根理论方法，立足于年长创业者创业动机，“捕捉”年长创业者创业动机产生、维度及其对新创企业成长影响的动态过程，建构出年长创业者创业动机的维度结构，以及这些动机产生和影响的理论模型。

第一节　研究方法——扎根理论

扎根理论是一种自下而上建构理论的活动，即在数据收集的基础上寻找能够反映社会现象的核心概念与范畴，然后不断比较和分析这些概念间的联系以建构相关的社会理论。简而言之，扎根理论就是从原始数据中挖掘理论（Strauss，1987）。

作为一种研究方法论，扎根理论强调问题提出和理论形成是一个“自然涌现”的过程。研究之初，研究者只有较为模糊地研究问题或领域，并没有理论假设，通过比较和分析，不断从经验材料中提炼出概念、范畴乃至核心概念或范畴，直至最终建构出理论。扎根理论的资料收集工作不是一蹴而就的，需要一边收集一边分析，在不断比较和分析的过程中，揭示现象之间的联系，直到发展出理论（Glaser 和 Strauss，1967）。

作为一种操作性的研究方法，扎根理论既具有系统性又不失灵活性。其主要可以分为产生研究问题、数据收集、数据分析、理论建构 4 个步骤。扎根理论强调“持续的比较分析”，因此，这 4 个步骤并没有严格的先后顺序，研究者需要持续的比较和分析，直至认为理论饱和。

（一）产生研究问题

扎根理论要求理论源自现实资料。在研究之初，研究者仅需对某方面的问题保持笼统、模糊的兴趣。研究者可能也需要进行一定数量的文献分析，但研究者需要保持开放的心态，不应受限于任何主观的、先入为主的假定。研究者需要牢记的一点是研究问题要从现实资料中“自然涌现”。

（二）数据收集

在扎根理论中，数据收集工作并不是一蹴而就的，而是一个不断比较、持续完善的过程。通常，扎根理论方法的数据收集分为两个阶段：在研究初期，进行目的性抽样，即选取足够典型的样本进行初步的调研分析；在研究过程中，进行理论性抽样，即由数据分析过程指导进一步的抽样。

（三）数据分析

扎根理论的数据分析过程主要包括开放性编码、主轴编码和选择性编码3步。编码是将数据概念化和范畴化的过程。开放性编码就是将所得原始资料进行分解，通过不断比较和提问，发现资料中的异同，从而为材料所反映的现象贴上标签，使其逐渐概念化和范畴化。主轴编码是为了发现和建立主要范畴间的各种联系，从而展现资料中各部分的有机关联。选择性编码是指通过不断比较不同主概念或范畴之间的关系，挖掘出能统领所有概念或范畴的“核心范畴”。

（四）理论建构

理论建构是一个“自然涌现”的过程。当扎根理论达到理论饱和时，在某一实质研究领域中的文献寻找和回顾可以在更深层次进行——结合现已成形的理论，把它们作为数据不断做比较，这么做的目的不在于指出现有文献中的漏洞和不足之处（Glaser，1998），而是通过将扎根理论所得范畴与现有文献进行比较，判断一项研究如何、从何处与现有文献相呼应（Charmaz，1995），从而使扎根理论所建构的理论更具深度（Glaser，1998），并能够更广泛解释社会现象（Glaser，1992、1998）。

第二节　访谈对象

根据目的性抽样原则，本书首先选取足够典型的年长创业者进行深度访谈，并对访谈材料进行开放式编码分析，然后根据分析结果进一步展开理论性抽样，最终本书确定了30位访谈对象。本书选择的年长创业者既有新手创业者，也有连续创业者，连续创业者中既有首次创业失败，继续创业的，也有首次创业很成功，扩大生产经营规模的。访谈对象具体信息如表3－1所示。

表3－1　　访谈对象相关信息

受访者	创业地点	创业年龄（岁）	创业年限（年）	所属行业	用途
王先生	上海	47	5	宠物服装制造	建模
陈先生	上海	48	6	旅游、教育地产	建模
李先生	上海	45	3	汽车销售	检验
刘先生	北京	45	3	知识产权代理	建模
方女士	北京	61	1	餐饮	检验
马先生	广东	45	3	汽车零部件供应	建模
杨先生	广东	46	6	轴承	建模
刘先生	广东	52	7	人才服务与咨询	建模
万先生	浙江	45	7	汽车零部件供应	检验
翟女士	山东	57	8	汽车销售	建模
秦先生	山东	46	7	进出口贸易	检验
陈先生	山东	45	2	分布式能源	建模
王女士	山东	62	3	幼儿教育	建模
刘先生	山东	64	8	化工产品生产	建模
高先生	山东	59	5	种植	建模
边女士	山东	47	2	重型汽车配件销售	建模
赵先生	山东	47	5	装饰装修	检验
侯女士	山东	45	6	节日饰品销售	检验

续表

受访者	创业地点	创业年龄（岁）	创业年限（年）	所属行业	用途
李女士	河北	46	2	汽车租赁	建模
郭女士	河北	62	2	养殖	检验
钟先生	河北	58	4	宾馆服务	建模
吕女士	湖北	45	5	餐饮	建模
赵先生	湖北	45	2	人才服务与咨询	建模
刘先生	湖北	48	3	律所合伙人	建模
梁先生	湖北	50	4	家政服务	建模
祁女士	河南	48	3	宾馆服务	检验
郭先生	河南	46	7	承包工程	建模
李先生	河南	47	2	餐饮	建模
张先生	河南	48	4	城市道路设计	建模
张女士	河南	55	5	养殖	建模

第三节　数据分析与编码过程

扎根理论方法的数据分析过程主要包括开放性编码、主轴编码和选择性编码 3 大步骤。编码就是将数据不断概念化和范畴化的过程。

一、开放性编码

开放性编码是将所得原始资料进行分解，通过不断比较和提问，发现资料中的异同，从而为材料所反映的现象贴上标签，使其逐渐概念化和范畴化。在这个过程中，要不断提出问题，比较资料的异同，并让逐步显现出的概念和范畴来指引理论抽样的方向，然后通过将新的资料与原有的资料和提炼的概念与范畴进一步比较，从而发展出主要的范畴。

开放性编码遵循资料→贴标签→概念化→范畴化的分析过程，其中，概念和范畴的命名包括文献资料、访谈资料和讨论的结果等多重来源

(Strauss, 1987)。根据开放性编码程序，本书借助 Nvivo11.0 质性分析软件对年长创业者访谈材料进行开放性编码，如表 3 -2 所示。第一步，贴标签，标记访谈材料中与年长创业者创业动机相关的词句，并进行简化和初步提炼，建立了 107 个自由节点；第二步，概念化，将描述同一现象的自由节点归在同一树节点之下，获得 56 个树节点；第三步，范畴化，将与同一现象有关的树节点合并组成新的树节点，获得 16 个树节点，前一阶段的树节点变成这一阶段的二级树节点。经过这一过程，最终得到与年长创业者创业动机有关的 107 个标签和 56 个概念以及 16 个范畴。具体示例如表 3 -2 和表 3 -3 所示。

表 3 -2 开放性编码示例

访谈文本	贴标签
我的公司叫×××，是做知识产权代理的，主要是做专利、商标、版权代理，但是主要业务是在专利上。我这个公司是 2017 年成立的。我 2010 年出来跟别人先合伙，是开的一样的公司，2015 年开始大家意见不合，2016 年就分开了。我自己带了一拨人出来开了一家。我们这拨人都是从原来的公司出来的，就等于说分家了一样。	a1 难以找到志同道合的合伙人
我创业之前是在中国香港工作，那个工作其实是很不错的，是个“金饭碗”了，而且整家都要从南方迁过来，其实牺牲是蛮大的。当时是希望自己做一份长远事情，我们这个行业年纪大了做不动的。虽然在之前的公司工资很高，但是都是靠大量的加班、大量的干活取得的，年纪大了总是会做得慢嘛。如果在原来的公司做，能预见到自己的未来。我有一个同班同学跟我都是在原来那个公司，然后他 2017 年被原来的公司辞退了，对他打击也是挺大的。另外，那个时候正在搞知识产权战略，知识产权大发展，尤其是专利申请，所以想可能是个机会吧，就出来了。	a2 在原公司工作年长时有可能被辞退 a3 年长员工会被辞退 a4 新政策出台带来创业机会
因为我一直都是在这个行业工作，对它比较熟悉。当然也会问问先出来的朋友啊。我们原来那个公司是中国最早、最大的公司，我们这个行业很多人都是从那出来的，所以也会去问一下相关情况。当然我们那个时候已经错过了最好的时期了，2002 年、2003 年出来的那一拨人已经都发展得非常好，我们错过了那个时候。反正就是想试试自己有没有这个水平吧。在大公司做呢，所有的成功都是大公司这个平台给你的，离开之后这一点认识得很清楚。觉得自己是一个人物，其实都是公司的平台给你的。只有出来之后才能真正评估自己的水准吧。	a5 行业经验 a6 获取咨询 a7 朋友同事的创业影响

续表

访谈文本	贴标签
说实话，无穷次打退堂鼓，无穷次想算了，不干了算了。但是还有这么多同事，虽然不能说让他们大富大贵吧，但总是要人家到一个温饱小康吧。没办法，熬着呗。	a8 无穷次打退堂鼓 a9 要让员工到温饱小康 a10 打退堂鼓，但为了员工熬着
我想做一家中等规模的公司，有我自己的客户，有我自己的一定的名声就可以了。我前面的合伙人就是一心想着做大做强，拼命扩张，这点我就不太认同。因为，尤其像我们这个行业对人的要求比较高，不像买机器那种，机械生产你可以通过买设备这样扩大，但是我们呢，都是靠人的劳动，单纯扩大很容易造成不良影响，因为你人员素质跟不上，这样会影响客户的，所以那个时候我就没有再跟他合伙下去了。可以说，我没有什么野心吧，我并不是一定要做得多大，那个根本没有什么意义，我们这个行业不可能像华为、中兴啊那种一统江湖的代理机构。每个公司有自己的客户，有自己的那份份额就够了，做好它就行。	a11 获得认可和尊重 a1 难以找到志同道合的合伙人
我比较看重利润吧。我们这个行业很多时候是低价竞争，我们在北京收费不高，但是我们在长沙呢，跟他们本地的比收费要高，如果我们拉到那个低价位，就没有意义了。	a12 看重利润 a13 竞争环境欠佳
我 2016 年从那家公司出来的时候我带了一拨人出来，我也给他们股份，但是他们中好几个坚持了 1 年就走了。然后，我现在也在检讨这个事情，作为 40 多岁我来创业，因为前面的积蓄，可能也买房买得比较早，我没有那么大的经济压力，因为公司开始摆明了头两年是赚不到什么钱的，可能还不如去做一个普普通通的打工的，对我来说，没有关系，我沉得住气，但是对他们来讲，他们都是 30 岁左右，都是上有老下有小，孩子也都刚出生。尽管我一再给他们打气，他们还是去了比较稳定的公司。最后留下来的是两个北京本地的孩子，可能北京本地，家境没有什么太大问题。	
40 多岁创业，优势，是有一定的积累，在行业内有一定的客户资源，而且行业发展方向大致可以看得准。如果找一个没有前途的行业，可能再努力也做不好。40 多岁的时候，阅历、经验以及原来的客户资源都会有用。那劣势的话，精力上不一定能跟得上，就像我之所以把那些人带出来一样，那时候我在那个公司培养他们花了很多心血，我现在再去培养一批人出来，精力上跟不上。年轻的话，没有家庭的牵绊，可能更能投入地做。我原来那家公司闹，也是因为我父亲癌症晚期，我大部分时间没法在公司，所以公司出现了一些意料不到的事情。到这个年龄了，家庭的牵绊就比较多了，上有老下有小的都得花很多的	a14 在行业内有一定的客户资源 a15 行业发展方向大致可以看得准 a16 经验 a17 精力跟不上 a18 家庭牵绊多，难以全身心投入

续表

访谈文本	贴标签
精力，就不能那么全身心投入了。这可能是一个劣势。	
在我们这个行业可能不太一样，如果在技术、互联网等行业可能是，我们是做法律服务的行业，尽管很多人在说互联网 + 知识产权，我觉得噱头更多一点，也有人说，开发了机器人可以自动写专利申请，我不知道是真是假。你说的这个事情确认是存在的，但是我这个年龄可能对这个接受得会相对保守一些，如果是年轻的同事创业的话，他们可能会做得更灵活一些，像互联网 + 他们肯定是愿意去下功夫的，我不太愿意在这方面投入精力，就循规蹈矩做传统的事情。	a19 思维固化，对新事物抱有审慎的态度
一方面可能是觉得没有那么大的意义，另一方面可能也跟我之前的经历有关，我之前在我们行业最大最老的公司做了 10 来年，可能我的思维已经跟他们固化了，我就觉得那样传统的做下来才是最稳定、最保险的，只要我做得好，客户就会跟住，而不在于我去创造这些名词，这些东西来让客户跟随。	a20 相对保守，不愿冒险
说实话，我现在收入没有之前在香港高，但是我不心急，我只是想慢慢的做这个事业，过快发展的事情我是很反感的，我并不是想快速赚钱。	
说实话，真是挺难的。假设人生能够重来一次的话，我估计就不会出来创业了，待在那个公司算了，但是出来了之后呢，就没有办法了，就叫逆水行舟不进则退，咬着牙也得往前冲。成本都在涨这个我可以理解，就是唯独我们的服务费在降，这个就没法弄了。但是现在也只能撑着吧，总算是又活过 1 年，快到两年了，先活下去吧。我自己觉得像我们这种公司撑过了头 3 年没死掉的话，后面也能活下去了。	a21 真是挺难的

表 3－3　　概念化和范畴化示例

贴标签	概念化	范畴化
a2 在原公司工作年长时有可能被辞退	A1 避免失业可能	AA1 安全保障与子女发展动机
a3 年长员工会被辞退	A2 职场中对年长员工的年龄歧视	AA2 职涯发展受限
a4 新政策出台带来创业机会	A3 新政策出台带来创业机会	AA3 政策环境
a5 行业经验 a16 经验	A4 经验	AA4 创业资源
a14 在行业内有一定的客户资源	A5 客户资源	
a6 获取咨询	A6 社会资本	

续表

贴标签	概念化	范畴化
a7 朋友同事的创业影响	A7 朋友同事的创业影响	AA5 角色榜样
a11 获得认可和尊重	A8 赢得公众认可	AA6 名利追求动机
a12 看重利润	A9 利润	AA7 新创企业成长
a18 家庭牵绊多，难以全身心投入	A10 经营和生活环境障碍	AA8 创业障碍类型感知
a13 竞争环境欠佳		
a17 精力跟不上	A11 思维障碍	
a19 思维固化，对新事物抱有审慎的态度		
a20 相对保守，不愿冒险		
a1 难以找到志同道合的合伙人	A12 支持伙伴障碍	
a21 真是挺难的 a8 无穷次打退堂鼓	A13 困难太大了	AA9 创业障碍强度感知
a9 要让员工到温饱小康 a10 打退堂鼓，但为了员工熬着	A14 为了员工努力坚持	AA10 员工导向使命感
a15 行业发展方向大致可以看得准	A15 行业发展方向大致可以看得准	AA11 创业效能感

二、主轴编码

主轴编码是为了发现和建立开放性编码阶段得到的主要范畴间的各种联系，以展现资料中各部分的有机关联。Strauss 和 Corbin（1997）提出主轴编码分析的范式模型，即所分析的现象、条件、背景、行动与互动的策略和结果之间所体现的逻辑关系。根据该范式模型，开放性编码阶段被分解的资料又被重新组合到一起。创业资源、创业效能感、成就需要、权力需要、角色榜样、政策环境以及职涯发展受限等因素是年长创业者创业动机产生的条件。在这些因素的影响下，年长创业者会产生安全保障与子女发展动机、名利追求动机、独立/自主动机、精神体验动机和社会责任动机。上述因素的差异导致年长创业者最主要创业动机的差异。年长创业者在创业过程中会不可避免地遇到各种障碍，这种创业动机的差异使得年长创业者感知到不同强度的创业障碍，进而使得新创企业成长绩效出现差异。随着创业活动的不断推进，有的年长创业者会产生员工导向使命感，这些年长创业者即使感知到较强的创业障碍，企业成长绩效也依然较好（见图3－1）。通过主轴编码过程，最终将16个范畴归纳到5个主范畴之中（见表3－4）。

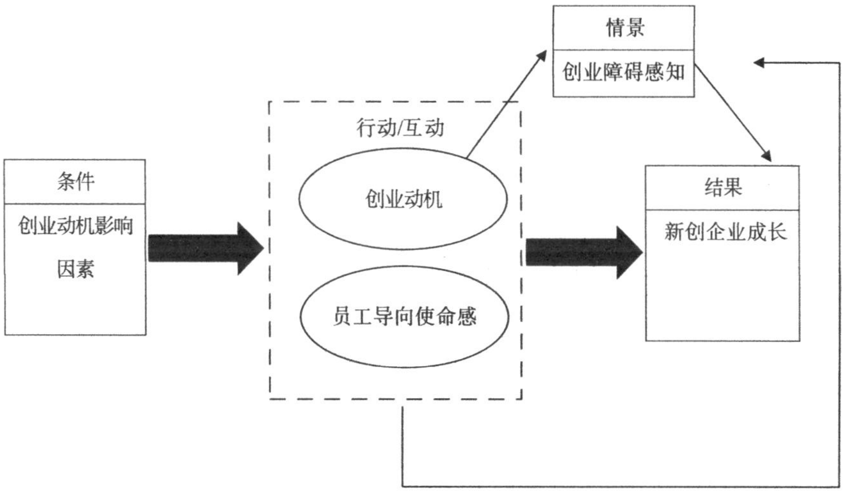

图3－1　范畴之间关系模型

表3－4　主轴编码结果

主范畴	范畴	概念
创业动机影响因素	创业资源	经验；客户资源；资金；社会资本
	创业效能感	自己具备的能力能够解决创业中遇到的问题；行业发展方向大致可以看得准；看到一个很有前景的机会并相信自己可以实现它
	成就需要	喜欢接受挑战和面对新鲜事物；创业可以带来工作所不能够给予的成就感；希望不断提高和突破自己
	权力需要	希望对自己的工作有更多的控制权；喜欢领导和掌握的感觉；希望获得更高的社会地位
	角色榜样	家族的创业影响；朋友同事的创业影响；地区的创业影响
	政策环境	新政策出台带来创业机会；政府创业优惠政策；政府重视创业，创业前景会好
	职涯发展受限	对原单位/工作不满意；缺乏有吸引力的就业选择；职场中对年长员工的年龄歧视

续表

主范畴	范畴	概念
创业动机	名利追求动机	赢得公众认可；获得更高的社会地位；积累财富；证明自己有能力做
	精神体验动机	享受创业带来的乐趣和激情感受；追求成就感；实现人生价值；挑战自我；实现创业想法；保持活跃
	安全保障与子女发展动机	为家庭提供经济保障；寻求未来生活保障；避免失业可能；为子女创造更好的发展平台或减轻子女压力
	社会责任动机	助力国家经济发展；促进社会发展；增加就业
	独立/自主动机	自己掌握职业命运；自己做掌控者；自己创业时间灵活、自由
创业障碍感知	创业障碍类型感知	资金障碍；技术和知识障碍；支持伙伴障碍；经营和生活环境障碍；思维障碍
	创业障碍强度感知	困难都不在话下；没遇到什么太大的困难；困难太大了
员工导向使命感	员工导向使命感	为了员工努力坚持；要让员工有更好的生活；员工多年的追随，产生做好企业的使命感
新创企业成长	新创企业成长	利润；销售额；员工数量

三、选择性编码

选择性编码即不断比较不同主范畴之间的关系，挖掘出能够统领所有概念或范畴的“核心范畴”。通过对原始材料、开放性编码、主轴编码、分析备忘录等进行反复浏览、比较和分析，本书发现可以用“年长创业者创业动机：产生、维度及影响”这个核心范畴来统领年长创业者创业过程中的各个范畴。基于此，本书得到如下故事线：年长创业者在创业资源、创业效能感、成就需要、权力需要、角色榜样、政策环境以及职涯发展受限等因素的影响下产生安全保障与子女发展动机、名利追求动机、独立/自主动机、精神体验动机以及社会责任动机。上述影响因素的差异导致年长创业者创业动机的差异，而创业动机的差异使得年长创业者感知到不同强度的创业障碍，从而产生不同的企业成长绩效。此外，在创业过程中，年长创业者的初始创业动机会发生改变，一部分年长创业者产生员工导向使命感。这些年长创业者即使感知到较强的创业障碍，其企业成长绩效也依然较好。

第四节　理论饱和度及信效度检验

理论饱和是指收集到的资料不再衍生新的理论洞见，无法呈现理论范畴中新的面向时，理论范畴达到饱和。在得到上述故事线之后，本书对8位年长创业者创业动机相关资料进行开放性编码、主轴编码以及选择性编码，发现所获得的概念和范畴均已被现有范畴包含，没有获得新范畴（见图3-2）。因此，本书认为年长创业者创业动机产生、维度及影响的理论模型达到饱和。

除了理论饱和度检验，质性研究的信效度检验也相当重要。为了提高研究效度，本书在编制访谈提纲过程中，邀请作者博士研究生阶段导师和两名本专业博士生对预设问题进行头脑风暴式探讨，以形成正式访谈提纲；在样本选取上，本书遵循典型性和代表性原则，选择不同行业、不同背景的年长创业者参加访谈，最终选定的年长创业者既有新手创业者，也有连续创业者，连续创业者中既有首次创业失败，继续创业的，也有首次创业很成功，扩大生产经营规模的。在样本数量上，本书遵循质性研究20—30人的经验法则；在数据收集过程中，由分析结果指引进一步的数据收集方向；在数据分析过程中，采用人工手动编码和Nvivo11.0软件编码相结合的方式，以保证编码结果的客观和科学。为提高研究信度，本书在核心范畴涌现之后，采用独立的全新样本进行理论饱和度检验。除此之外，在访谈1.5个月后，对访谈对象进行了电话回访，以降低单次访谈所造成的随机误差。

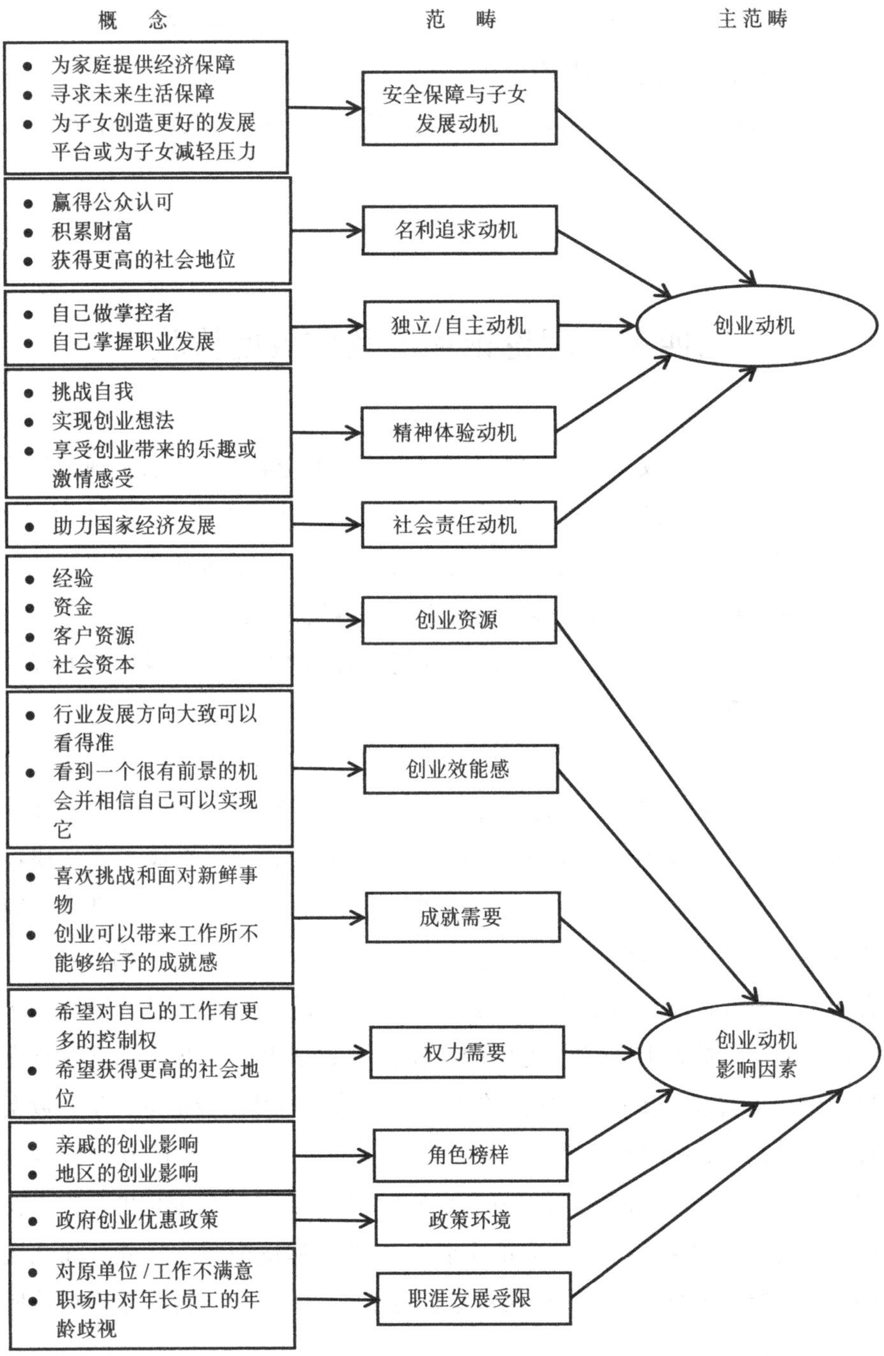

图3-2　理论饱和度检验编码结果

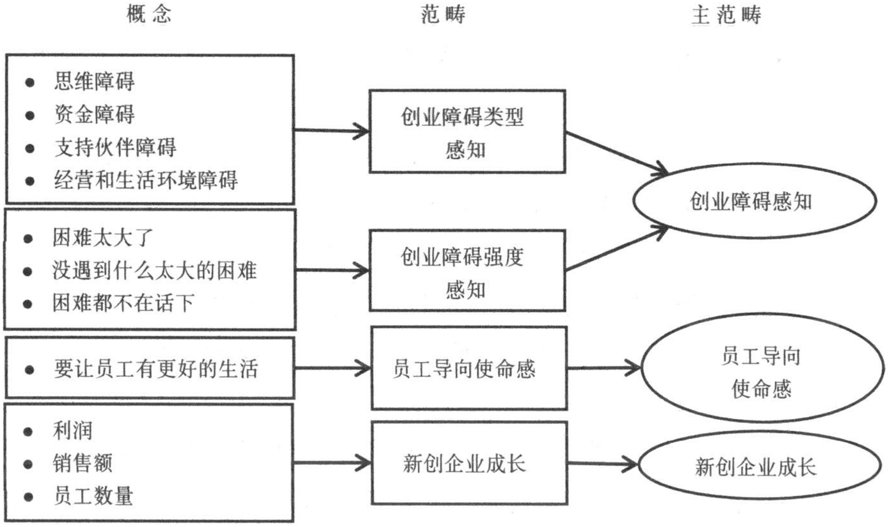

图3-2 理论饱和度检验编码结果（续）

第五节 理论建构

在扎根理论研究中，一切皆为数据（Glaser，2001）。当扎根理论达到理论饱和时，在某一实质研究领域中的文献寻找和回顾可以在更深层次进行——结合现已成形的理论，把它们作为数据不断做比较，这么做的目的不在于指出现有文献中的漏洞和不足之处（Glaser，1998），而是通过将扎根理论所得范畴与现有文献进行比较，判断一项研究如何、从何处与现有文献相呼应（Charmaz，1995），从而使扎根理论所建构的理论更具深度（Glaser，1998），并能够更广泛解释社会现象（Glaser，1992、1998）。本书运用扎根理论探讨年长创业者创业动机的产生、维度及其对新创企业成长的影响，所涉及的构念并不是全新的，因而，需要将扎根理论所得范畴与现有文献进行比较，以判断本研究是否能够与现有文献相呼应，以及如何呼应。在这个过程中，扎根理论所得范畴将更加丰满，并最终形成一个可以解释现实生活中年长创业者创业动机产生、维度及其对新创企业成长影响的理论。

一、年长创业者创业动机维度结构

本书通过扎根理论分析发现年长创业者在创业资源、创业效能感、成就需要、权力需要、角色榜样、政策环境以及职涯发展受限等因素的驱动之下，会产生5种类型的创业动机，即安全保障与子女发展动机、名利追求动机、独立/动机自主、精神体验动机和社会责任动机。这些构念并不是全新的，因而，需要将扎根理论所得范畴与现有文献进行比较，以判断本书是否能够与现有文献相呼应，以及如何呼应。

当前创业动机方面的研究可以分为两类：一类是泛人群创业动机研究；另一类是特定人群创业动机研究（见表3－5）。本书探讨的是年长创业者创业动机，属于特定人群创业动机研究，因而，接下来，本书将重点就扎根理论所得范畴与年长创业者创业动机相关研究和年轻创业者（如大学生、新生代农民工等）创业动机相关研究进行回顾和比较。

（一）编码结果与年长创业者创业动机现有研究的比较

研究者指出，许多年长创业者受到收入增加、实现自己商业想法、工作灵活和独立、保持活跃等动机的驱使从事创业活动（Kautonen、Down和South，2008；McKay，2001；Weber和Shaper，2004）。Singh和DeNoble（2003）将年长创业者分为3类：受约束的创业者、理性创业者和不情愿的创业者。Wainwright、Kibler、Kautonen等（2015）归纳出3类创业者：年长企业家、生活方式冒险者、需要冒险者。年长企业家追求独立，并对企业成长和财务回报感兴趣（Kautonen、Down和South，2008），这类创业者的创业动机与年轻创业者的创业动机相差不大。生活方式冒险者创业是为了补充退休后的养老金收入，希望生活得自由和舒适，不愿依赖于减少的养老金或全职工作。此外，他们创业也可能是基于兴趣或爱好的驱使（Weber和Shaper，2004），这使得他们能够通过商品和服务的销售获得人们对其工作和才能的认可。需要冒险者创业的动机是财务需要，因为他们没有足够的储蓄和投资来支撑退休后的生活，或者是他们年轻时没有能力储蓄足够的资金，或者由于家庭变故他们原有的收入来源变得不再可能。

通过扎根理论分析，本书获得了20个与年长创业者创业动机有关的概念，这些概念可以在一定程度上与上述年长创业者创业动机的研究呼应，但是，仍有一些概念是当前年长创业者创业动机研究中并未出现的。因此，本书继续梳理相关文献，以验证该部分内容是否可以与已有研究相呼应。

（二）编码结果与年轻创业者创业动机现有研究的比较

年长创业者创业动机研究是创业动机研究在年长创业者群体的发展。主流创业文化认为创业是年轻人的活动，年长者很难适应这个文化（Anderson和Warren，2011；Mallet和Wapshott，2015）。研究者也已经证实，随着个体年龄的增长，创业动机显著降低（Curran和Blackburn，2001；Singh和DeNoble，2003；Kautonen，2008）。然而，随着人口老龄化程度的不断加剧，年长者创业人数逐渐增多（Zissimopoulos和Karoly，2007），更有不少研究者呼吁年长者创业可以成为缓解人口老龄化带来的经济和社会挑战的有效措施（Kibler、Wainwright、Kautonen等，2012），创业不再是年轻人的专属权利。通过将扎根理论所得概念和范畴与已有的年轻创业者创业动机研究进行比较发现，年长创业者创业动机在积累财富、赢得公众认可、获得更高的社会地位以及实现创业想法等诸多概念上均可以与年轻创业者创业动机相呼应，并涵盖安全保障与子女发展动机、名利追求动机、独立/自主动机、精神体验动机以及社会责任动机5个范畴。但是，通过将这些概念和范畴与年轻创业者创业动机文献进一步比较，本书发现年长创业者创业动机与年轻创业者创业动机仍然存在以下区别：

1. 本书中“为子女创造更好的发展平台或减轻子女压力”是年长创业者创业的一个重要动机，是其年龄段和角色使其产生的一种创业动机。但是，由经济风险或孩子引发的压力是40岁以后个体所独有的（戴安娜、萨莉和露丝，2013）。在访谈中，多位年长创业者提到子女是其创业的一个重要驱动力量。更有年长创业者提到，精力完全集中在孩子身上，从小到大，甚至孩子结婚之后，还是在无私的为孩子考虑很多事情。而作为年轻创业群体中的主力军——大学生，创业动机的核心是成就事业，这是大学生创业最主要的驱动力（陈文娟，2015）。另外，子女可能也是已经为人父母的年轻创业者创业的一个动机，但是年轻创业者的这种动机更为侧重于为子女创造良好的物质生活条件（Langevang、Namatovu 和 Dawa，2015），内涵相对单一。

2. 名利追求动机即个体出于对社会认可和地位以及财富等外部目标的追求而产生创业的动机。名利追求动机是年长创业者创业的主要驱动力之一。40 岁以后，个体差异扩大以及生活轨迹多样化（戴安娜、萨莉和露丝，2013），有的年长者已经功成名就、经济自由，而有的年长者可能刚刚超越沉重的生活负担，对于这些年长者来说，追求财富和地位是其重新评估自己的人生目标和抱负而做出的选择，如果在这个年龄段不能实现，那么就很难再有提高财富积累和地位的机会。追求名利同样是年轻创业者创业的重要驱动力量。但是，年长创业者希望通过创业获得更高的社会地位，是为了实现其地位和职业成熟度的匹配（Jayawarna、Rouse 和 Kitching，2013），而大学生希望通过创业获取地位和财富，充分表现出大学生未触及社会、没有社会资本和难以体会创业艰辛的心理特征（高日光、孙健敏和周备，2009）。此外，Jayawarna、Rouse 和 Kitching（2013）通过定量研究表明，年轻创业者更加看重创业的经济回报，而年长创业者则更加看重创业带来的地位提升。

3. 追求独立/自主是年长创业者创业的一个重要原因。相较于相对年轻的创业者，年长创业者相对不太可能出于独立自主的需要选择创业。不过，追求独立自主仍然是他们创业最主要的原因（Botham 和 Graves，2009）。本书中追求独立/自主是年长创业者创业的一个重要原因。他们之所以产生独立/自主动机多是因为对之前工作不满意，例如，对岗位调整或收入调整等不满意，或者希望对工作有更多的自主权，创业可以使他们对工作有更多的控制权和自主权。而作为年轻创业群体中的主力军——大学生，很少由于对当前工作状态不满意而选择创业（窦大海和罗瑾琏，2011）。

4. 追求成就感、自我挑战、实现人生价值等内在精神层面的追求也是年长创业者创业的一个驱动力量。戴安娜、萨莉和露丝（2013）指出，个体在 40 岁以后总是充斥着沉甸甸的责任，要扮演各种艰难的角色：经营家庭、管理部门和企业、教育孩子，或许还要照顾年迈的双亲或者开始个人新的事业。一般来说，绝大多数40岁以后的个体都能应付上述种种责任和角色（Lachman，2001、2004）。所以，他们会在40岁以后重新评估自己的目标和抱负，并决定如何最大限度地利用好自己的余生（Lachman，2004）。此时，有的个体开始追求全新的、更具挑战性的目标（戴安娜，萨莉和露丝，2013）。创业成为一种很具吸引力的选择。不过，创业是一项充满风险和不确定性的活动，对于年长者来说，一旦创业失败，他们很难有从头再来的机会。因此，尽管年长创业者有更多的行业和创业经验，他们并不会投资更多的钱（Zolin，2015）。多数年长创业者创业是因为兴趣（Botham 和 Graves，2009）。相较于年轻创业者，为追求创业带来的成就感而选择创业的年长者更多（Jayawarna、Rouse 和 Kitching，2013）。

5. 创业活动能够提供就业机会、提升竞争力、刺激创新，对国家经济发展具有重要促进作用（Gree 和 Thurnik，2003；Praag 和 Versloot，2007；Turker 和 Selcuk，2009），但是以此为创业动机的研究不多。本书中社会责任动机是年长创业者之所以选择创业的一个重要驱动力量，包含“助力国家经济发展”“促进社会发展”以及“增加就业”3个子维度。另外，也有研究者提出承担社会责任是年轻创业者创业的一个动机（Botham 和 Graves，2009；Barba - Sánchez 和 Atienza - Sahuquillo，2012），但是仅有少数研究就社会责任动机的具体维度进行了探讨（张凯竣和雷家骕，2012）。更为重要的一点是，年轻创业者和年长创业者社会责任动机产生的影响因素是不同的。年轻创业者在成就动机的影响下产生创业动机（张凯竣和雷家骕，2012；陈文娟，2015），而年长创业者之所以产生社会责任动机是其特定年龄段较高的传承感影响的。Erikson（1950）指出，40岁左右的个体正迈入人生第7个阶段——传承对停滞。传承感比较强的个体常常具有很强的责任感（Mcadams、Diamond、Ed 等，1997）。通常情况下，这些人都有“牺牲我一个，幸福天下人”的济世情怀。Brandtstädter 和 Rothermund（2010）提出随着个体年龄的增长，年长者会越来越不重视工具性的个人利益，逐渐重视内在的、有价值有意义的、超越自我不受时间限制的公益性行为。Botham 和 Graves（2009）也指出，相较于相对年轻的创业者，为了贡献社会而创业的年长创业者更多。

表 3-5　　不断比较：范畴与相关文献的比较

范畴	概念	相关文献比较与验证		
		泛人群	年轻创业者	年长创业者
安全保障与子女发展动机	为家庭提供经济保障	Kuratko、Hornsby 和 Naffziger（1997）；Robichaud、McGraw 和 Roger（2001）；Pistrui、Huang、Oksoy 等（2001）；Drnovsek 和 Glas（2002）；Verheul、Thurik、Hessels 和 Zwan（2010）；Rouse（2010）；何志聪（2004）；王玉帅和尹继东（2008）	Fatoki（2010）；Langevang、Namatovu 和 Dawa（2015）；邓婉婷、岳胜男和沙小晃（2011）	Wainwright、Kibler、Kautonen 等（2015）
	寻求未来生活保障	Kuratko、Hornsby 和 Naffziger（1997）；Jayawarna、Rouse 和 Kitching（2013）	Langevang、Namatovu 和 Dawa（2015）	Wainwright、Kibler、Kautonen 等（2015）
	避免失业可能	Drnovsek 和 Glas（2002）；Hamilton（1987）；Benzing、Chu 和 Kara（2009）；Verheul、Thurik、Hessels 和 Zwan（2010）；曾照英和王重鸣（2009）	Fatoki（2010）；Barba – Sánchez 和 Atienza – Sahuquillo（2012）；Brancu、Munteanu 和 Gligor（2012）	Wainwright、Kibler、Kautonen 等（2015）
	为子女创业更好的发展平台或减轻子女压力		有，但内涵差异大（Langevang、Namatovu 和 Dawa，2015）	

续表

范畴	概念	相关文献比较与验证		
		泛人群	年轻创业者	年长创业者
名利追求动机	积累财富	Kuratko、Hornsby 和 Naffziger（1997）；Hamilton（1987）；Chaganti、Decarolis 和 Deeds（1995）；LeCornu、McMahon、Forsaith 等（1996）；Benzing 和 Chu（2005）；Benzing、Chu 和 Kara（2009）；Jayawarna、Rouse 和 Kitching（2013）	Botham 和 Graves，2009；Langevang、Namatovu 和 Dawa（2015）；张凯竣和雷家骕（2012）；刘美玉（2013）；伍如昕和何薇薇（2018）	Kautonen、Down 和 South（2008）；McKay（2001）；Weber 和 Shaper（2004）；Singh 和 DeNoble（2003）；Wainwright、Kibler、Kautonen 等（2015）
	证明自己有能力做	Kuratko、Hornsby 和 Naffziger（1997）		
	赢得公众认可	Kuratko、Hornsby 和 Naffziger（1997）；Drnovsek 和 Glas（2002）；Jayawarna、Rouse 和 Kitching（2013）；王玉帅和尹继东（2008）；曾照英和王重鸣（2009）	Langevang、Namatovu 和 Dawa（2015）；张凯竣和雷家骕（2012）	Weber 和 Shaper（2004）
	获得更高的社会地位	Rouse（2004）；Staniewski（2009）；Wagner 和 Ziltener（2008）；Staniewski 和 Awruk（2015）	张凯竣和雷家骕（2012）	
精神体验动机	保持活跃			Kautonen、Down 和 South（2008）；McKay（2001）；Weber 和 Shaper（2004）；Wainwright、Kibler、Kautonen 等（2015）

续表

范畴	概念	相关文献比较与验证		
		泛人群	年轻创业者	年长创业者
精神体验动机	实现创业想法	Jayawarna、Rouse 和 Kitching（2013）； 曾照英和王重鸣（2009）	Botham 和 Graves（2009）	Kautonen、Down 和 South（2008）；McKay（2001）；Weber 和 Shaper（2004）；Singh 和 DeNoble（2003）；Botham 和 Graves（2009）
	实现人生价值	Robichaud、McGraw 和 Roger（2001）； Carsrud 和 Brännback（2009）； Verheul、Thurik、Hessels 和 Zwan（2010）； Staniewski 和 Awruk（2015）	Barba－Sánchez 和 Atienza－Sahuquillo（2012）；伍如昕和何薇薇（2018）；李丽群、胡明文和黄大星（2011）；邓婉婷、岳胜男和沙小晃（2011）	
	挑战自我	Kuratko、Hornsby 和 Naffziger（1997）；Chaganti、Decarolis 和 Deeds（1995）； Swierczek 和 Ha（2003）； Jayawarna、Rouse 和 Kitching（2013）	张凯竣和雷家骕（2012）	Jayawarna、Rouse 和 Kitching（2013）
	享受创业带来的乐趣或激情感受	Kuratko、Hornsby 和 Naffziger（1997）	Fatoki（2010）	Wainwright、Kibler、Kautonen 等（2015）
	追求成就感	Swierczek 和 Ha（2003）； Jayawarna、Rouse 和 Kitching（2013）；	Langevang、Namatovu 和 Dawa（2015）； 张凯竣和雷家骕（2012）	

续表

范畴	概念	相关文献比较与验证		
		泛人群	年轻创业者	年长创业者
独立/自主动机	自己做掌控者	Robichaud、McGraw 和 Roger（2001）；Van Gelderen 和 Jansen（2006）；Carsrud 和 Brännback（2009）；Jayawarna、Rouse 和 Kitching（2013）；Staniewski 和 Awruk（2015）；王玉帅和尹继东（2008）；何志聪（2004）；曾照英和王重鸣（2009）	Brancu、Munteanu 和 Gligor（2012）；Langevang、Namatovu 和 Dawa（2015）；邓婉婷、岳胜男和沙小晃（2011）	Jayawarna、Rouse 和 Kitching（2013）
	自己掌握职业命运	Kuratko、Hornsby 和 Naffziger（1997）；Robichaud、McGraw 和 Roger（2001）	Barba – Sánchez 和 Atienza – Sahuquillo（2012）	
	自己创业时间灵活、自由	Kuratko、Hornsby 和 Naffziger（1997）；LeCornu、McMahon、Forsaith 等（1996）；Jayawarna、Rouse 和 Kitching（2013）；Fayolle、Liñán 和 Moriano（2014）；王玉帅和尹继东（2008）	Brancu、Munteanu 和 Gligor（2012）；Jayawarna、Rouse 和 Kitching（2013）；Langevang、Namatovu 和 Dawa（2015）	Wainwright、Kibler、Kautonen 等（2015）
社会责任动机	助力国家经济发展	Dubini（1989）；Parker（2004）；Wagner 和 Ziltener（2008）；Jayawarna、Rouse 和 Kitching（2013）	Botham 和 Graves，2009；Barba – Sánchez 和 Atienza – Sahuquillo（2012）；Langevang，Namatovu 和 Dawa（2015）；张凯竣和雷家骕（2012）；陈文娟（2015）；徐占东和陈文娟（2017）	
	促进社会发展			
	增加就业			

资料来源：作者根据文献资料整理。

（三）年长创业者创业动机五维度结构

通过将扎根理论所得范畴与现有文献进行比较发现，年长创业者创业动机维度结构的现有研究难以涵盖本书中年长创业者创业动机的全部情形。随着物质生活条件的改善以及现代医疗的进步，年长者预期寿命不断延长，他们有更长的时间可以参与经济活动，创业逐渐成为一种不错的选择。这使得年长创业者创业动机越来越多元化，并与年轻创业者创业动机越来越类似。由此，本书得到年长创业者创业动机是一个包括安全保障与子女发展动机、名利追求动机、独立/自主动机、精神体验动机和社会责任动机的五维度结构（见图3－3）。

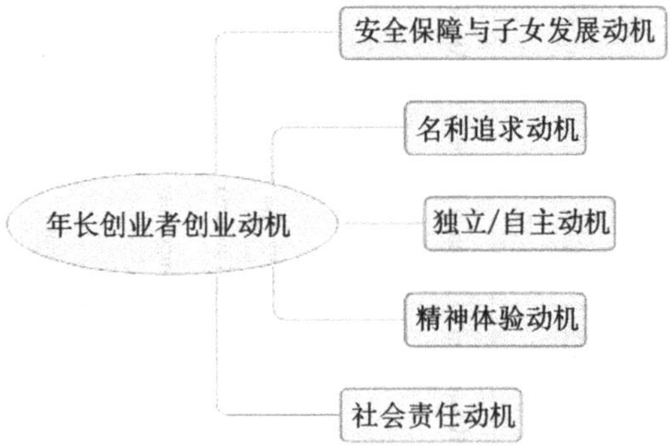

图3－3　年长创业者创业动机的五维度结构

1. 安全保障与子女发展动机。安全保障与子女发展动机是指年长创业者为了为个人、家庭提供安全保障或者为子女创造更好的发展平台或减轻子女压力而创业。40岁以后，个体差异扩大，有的年长者已经功成名就、经济自由，而相当一部分年长者，需要为家庭谋求一份经济保障，需要为子女创造更好的成长和发展平台。戴安娜、萨莉和露丝（2013）指出，由经济风险或孩子引发的压力是40岁以后个体所独有的。相较于没有孩子的人，父母会有更多的心理压力（Marks、Bumpass和Jun，2004）。杨国枢（1988）曾指出，中国人家庭成员间的关系是双向的及终身性的。中国儿女对父母行孝道，实际上是因为中国父母对子女的关怀及照顾的无微不至。在访谈中，多位年长创业者提到家庭与子女是其创业的一个重要驱动力量。可以说，中国父母的精力完全集中在孩子身上，从小到大，甚至孩子结婚之后，父母还是在无私的为孩子考虑很多事情。

2. 名利追求动机。名利追求动机即年长创业者出于对社会认可和地位以及财富等外部目标的追求而产生创业的动机。有名利追求动机的年长创业者往往更看重社会地位，重视他人对自己的认可和赞赏，或对财富有高度的热情。Twenge、Campbell 和 Freeman（2012）指出，人们通常会将金钱、名声为代表的具有外部价值的事物作为自己努力奋斗的目标。中国文化中更是存在着“名利双收”的理想目标（谈晨皓、王逸博、崔诣晨等，2016）。在访谈中，不少年长创业者提到当初之所以选择创业是希望通过创业提高自己的社会地位，赢得他人认可或者积累更多的财富。因而，名利追求是年长创业者创业的主要驱动力之一。

3. 独立/自主动机。独立/自主动机是指年长创业者希望在工作中有更大的自由和控制权，或者希望自己做掌控者而产生创业想法。通过扎根理论分析发现，追求独立/自主是相当一部分年长创业者选择创业的驱动因素。Lachman（2001）指出，40 岁以后的个体对自由和独立的渴望更加强烈。年长创业者在多年的职业生涯中积累了大量的经验，对工作更加得心应手，此时他们希望在工作中有更大的自由和控制权，当这些想法难以得到满足时，他们往往希望通过自己创业来满足这些期待。而有的年长创业者之所以创业是为了自己做掌控者，享受可以完全控制企业的感觉。

4. 精神体验动机。精神体验动机指的是年长创业者出于对个体内在精神层面目标的追求而选择创业，如个人挑战、实现自我价值等。戴安娜、萨莉和露丝（2013）认为个体在 40 岁以后总是充斥着沉甸甸的责任，要扮演各种艰难的角色：经营家庭、管理部门和企业、教育孩子，或许还要照顾年迈的双亲或者开始个人新的事业。但是，绝大多数 40 岁以后的个体都能应付上述种种责任和角色（Lachman，2001、2004）。所以，他们会在 40 岁以后重新评估自己的目标和抱负，并决定如何最大限度地利用好自己的余生（Lachman，2004）。此时，有的个体开始追求全新的、更具挑战性的目标（戴安娜，萨莉和露丝，2013）。Rogers（1961）也指出完整和谐的心理运作需要连续的、毕生的过程来提供源源不断的经验。所以，精神体验成为年长创业者创业的主要驱动力之一。

5. 社会责任动机。社会责任动机即年长创业者出于高度的社会责任感而产生创业动机。具有该动机的创业者将承担社会责任当作自己应当履行的义务。Rung（1971）认为，40 岁左右的个体开始关注自我在社会中的责任。Erikson（1950）指出，40 岁左右的个体正迈入人生第 7 个阶段——传承对停滞。传承感比较强的个体常常具有很强的责任感（Mcadams、Diamond、Ed 等，1997），他们满怀“牺牲我一个，幸福天下人”的济世情怀，义无反顾地投身到社会进步的事业中，并克服重重阻碍取得积极的成果。Brandtstädter 和 Rothermund（2010）提出，随着个体年龄的增长，年长者越来越重视内在的、有价值和意义的、超越自我不受时间限制的公益性行为，而对工具性的个人利益越来越不看重。本书通过扎根理论分析发现，有些年长创业者之所以选择创业并不仅仅是基于个体和家庭的考虑，他们有着高度的社会责任感，将创业当作其承担社会责任的手段。

二、年长创业者创业动机产生、维度及影响的动态过程模型

（一）编码结果与创业动机前因变量相关研究的比较

Zissimopoulos 和 Karoly（2007）指出，由于拉动因素和推动因素，未来年长创业者数量很可能增加。其中，拉动因素是指将有越来越多具有经验、专门技能和财务手段的退休者希望保持经济活跃；推动因素则是指年长员工被传统劳动力市场因素推出，例如，招聘、晋升和培训的年龄歧视，以及缺乏有吸引力的就业选择（Porcellato、Carmichael、Hulme 等，2010）。通过对 30 位年长创业者进行扎根理论分析发现，创业资源、创业效能感、成就需要、权力需要、角色榜样、政策环境以及职涯发展受限等因素会促使年长创业者产生安全保障与子女发展动机、名利追求动机、独立/自主动机、精神体验动机和社会责任动机。上述研究者提出的年长创业者创业动机影响因素可以纳入创业资源和职涯发展受限范畴，但是其他范畴是否能够呼应现有文献，需要继续回顾其他群体创业动机前因变量的相关研究，因为年长创业者创业动机作为创业动机在年长创业者群体的特

定研究并不是全新的构念。

Suzuki、Kim 和 Bae（2002）指出，创业动机是个体因素和环境因素共同作用的结果。创业效能感对创业动机有显著影响（Kickul 和 Kickul，2004；王玉帅，2008；史容、傅利平、殷红春等，2016；孙红霞、郭霜飞和陈浩义，2013）。孙红霞、郭霜飞和陈浩义（2013）研究发现，创业资源对农民创业动机有显著影响。个人网络往往有助于新创企业的创建过程（Birley，1985）。Debruin 和 Mclaren（2002）指出，创业者通常在职业生涯中积累有用的人脉网络。这些个人关系网络可以有利于创业者识别市场、招揽顾客、获取咨询和筹集资金。Solymossy（1997）实证研究提出 9 种创业动机影响因素，即工作满意度、社会地位、经济需要、权力、健康、成就、独立、机会和职业稳定性。Taormina 和 Kin－Mei Lao（2007）研究了成就动机、社会交往、乐观态度等个体因素和商务环境因素对创业动机的影响。Mueller（2006）研究发现，角色榜样可以通过提供合法性和鼓励、提高自我效能以及榜样学习和支持学习，从而提升成为企业家的渴望。王竞一与张东生（2016）通过案例研究发现，职业发展瓶颈期会促使一部分员工离职创业，离职创业对他们来说是一个更好的发展机会。职场排斥对离职倾向具有显著正向影响（尹奎和刘永仁，2013），而离职创业成为离职员工的一条特殊的选择路径。

本书通过将扎根理论所得范畴与现有创业动机前因变量相关研究进行比较发现，影响年长创业者产生创业动机的因素并不仅仅局限于他们拥有的创业资源，以及年龄歧视或缺乏有吸引力的就业选择，还包括成就需要、权力需要等影响年轻创业者创业动机的因素。此外，需要指出的是，尽管年长创业者在创业资源、创业效能感、成就需要、权力需要、角色榜样、政策环境以及职涯发展受限等因素的影响下可能产生多种动机，但是有一种动机是年长创业者创业最主要的动机。这与研究者对其他群体创业者进行研究时得出的结论是一致的。例如，研究表明，创业者往往是在多种创业动机的驱使下从事创业活动，不同个体的不同动机强弱存在差异（Staniewski 和 Awruk，2015；王玉帅和尹继东，2008；曾照英和王重鸣，2009）。另外，Cooper 和 Lybrand（1991）也指出，在多种创业动机中，必然有一种创业动机是创业者选择创业的最主要的驱动力。本书通过扎根理论分析发现，年长创业者在创业资源、职涯发展受限、政策环境、角色榜样的影响下产生安全保障与子女发展动机；在创业资源、权力需要、成就需要的影响下产生名利追求动机；在职涯发展受限、权力需要、创业资源和创业效能感的影响下产生独立/自主动机；在成就需要、政策环境、创业效能感和职涯发展受限的影响下产生精神体验动机；在成就需要、创业资源和政策环境的影响下产生社会责任动机。即，不同的年长创业者受到不同因素的影响而产生不同的创业动机，而目前的研究尚未对这个问题进行深入探讨。

（二）编码结果与创业动机结果变量相关研究的比较

Wainwright、Kibler、Kautonen 等（2015）研究表明，年长创业者创业动机不同，其所感知到的情绪也不同。具体而言，年长企业家和生活方式冒险者在创业上拥有自主权并有机会从事有意义的工作，因而感知到的情绪通常是积极的，而需要冒险者通常感知到与压力有关的负面情绪，这是因为他们没有足够的退休金，需要企业的收入来维持自身的生存。另外，Kautonen、Luoto 和 Tornikoski（2010）也指出，不同创业动机的年长创业者可能会产生一系列不同的情绪，这些情绪可能会影响创业者对其自身创业能力的感知并以各种方式阻碍企业发展。然而，年长创业者创业动机结果变量方面的研究还非常鲜见，年长创业者创业动机与新创企业成长之间的关系是怎样的尚不可知。

本书通过扎根理论分析发现，在不同因素的影响下，年长创业者会产生不同的创业动机（最主要创业动机），上述创业动机的不同，又会导致年长创业者企业成长绩效的不同。具体来说，名利追求动机、独立/自主动机和社会责任动机的年长创业者企业成长绩效较好，而安全保障与子女发展动机和精神体验动机的年长创业者企业成长绩效较差。然而，当前尚未有研究者探讨年长创业者创业动机与企业成长之间的关系。但是，研究者对其他群体创业者创业动机与企业绩效关系的研究为本书的结论提供了可以相互比较的数据。Solymossy（1996）研究表明，不同的创业动机在创业绩效、顾客满意度、网络利用、技术水平及继续创业的信心上有较大差别。何志聪（2004）研究指出，企业家创业动机可以从成就导向、控制导向和保障导向3个维度来衡量，并且创业动机对于企业经营绩效有着直接的影响，成就导向越强，企业的成长性越高，但企业的获利性并没有呈现越高的趋势；控制导向与企业获利性正相关；保障导向与企业的成长性、获利性均负相关。就内涵而论，年长创业者名利追求动机、精神体验动机和社会责任动机可以视作成就导向型动机，独立/自主动机的内涵与控制导向动机相类似，安全保障与子女发展动机可以视作保障导向动机。但是，年长创业者创业动机与企业成长的关系更为复杂。例如，精神体验动机的年长创业者企业成长绩效较差，而同属于成就导向型动机的名利追求动机和社会责任动机的年长创业者企业成长绩效较好。

（三）年长创业者创业动机产生、维度及其对新创企业成长影响的动态过程模型

1. 年长创业者创业动机产生。本书通过扎根理论分析发现，年长创业者在创业资源、创业效能感、成就需要、权力需要、角色榜样、政策环境以及职涯发展受限等因素的影响下产生创业动机，且创业动机呈现出五维度结构。上述影响因素不同，年长创业者选择创业的最主要的驱动力不同。具体来说，年长创业者在创业资源、职涯发展受限、政策环境、角色榜样的影响下产生安全保障与子女发展动机；在职涯发展受限、权力需要、创业资源和创业效能感的影响下产生独立/自主动机；在创业资源、权力需要、成就需要的影响下产生名利追求动机；在成就需要、政策环境、创业效能感和职涯发展受限的影响下产生精神体验动机；在成就需要、创业资源和政策环境的影响下产生社会责任动机。

创业资源是指年长创业者可以直接或间接支配的能够用于创业活动的资源。年长创业者所拥有的创业资源包括经验、资金、客户资源和社会资本。其中，经验又分为行业经验、管理经验和技术知识。当年长创业者积累的社会资本可以为他们提供创业的帮助时，也会激发他们的创业动机。社会资本可以提供的帮助主要包括5个方面：关系分享、资金支持、获取咨询、市场识别和情感鼓励。在编码过程中，年长创业者多次提到自己拥有的经验、资金、客户资源和社会资本等使得他们产生创业的动机。

成就需要是指年长创业者喜欢接受挑战和面对新鲜事物，希望通过创业可以不断提高和突破自己，或者希望通过创业享受到工作所不能够给予的成就感。年长创业者是一个差异化比较大的群体，这个群体中一部分人在40岁以后开始追求全新的、更具挑战性的目标（戴安娜、萨莉和露丝，2013）。

权力需要体现了年长创业者希望影响或控制他人且不受他人控制的需要，包括希望对自己的工作有更多的控制权、喜欢领导和掌控的感觉以及希望获得更高的社会地位3个概念。访谈中，不少年长创业者表示，“给别人打工还是做得有点憋屈的，因为40多岁的人自己有自己的经营理念，基本上都是在为别人服务，老板的理念跟你不一样，或者是高层的理念跟你不一样，也可以混过去，但是有时候觉得不好”。

创业效能感是指年长创业者对自己是否有能力从事创业活动的自信程度。年长创业者对从事创业活动能力的自信程度体现在3个方面：行业发展方向大致可以看得准、看到一个很有前景的机会并相信自己可以实现它以及相信自己具备的能力能够解决创业中遇到的问题。

本书通过扎根理论分析发现，年长创业者相对冷静、理智，行为相应不太容易受到周围人的影响。但是，仍有一部分创业者之所以选择创业是受到周围亲戚、朋友、地区创业氛围的影响。这部分年长创业者在看到周围人创业带来的财富、名声等回报后产生自己创业的动机。

政策环境也是年长创业者创业动机的影响因素之一。政策环境包括3个概念：新政策出台带来创业机会；政府创业优惠政策；政府重视创业，创业前景会好。新政策出台往往意味着商业机会的存在，一部分眼光敏锐的年长创业者识别到这种机会，从而萌发创业动机。另外，国家制定的一些优惠政策，如税收优惠等，也会直接或间接地促使年长创业者产生创业动机。

职涯发展受限是相当一部分年长创业者选择创业的原因。对原单位/工作不满，包括对岗位调整不满、对收入调整不满或遭遇职场排斥，缺乏有吸引力的就业选择，以及职场中的年龄歧视都会激发年长创业者的创业动机。

2. 年长创业者创业障碍感知。多数年长创业者或多或少的已经具备一些有利于创业活动开展的资源。但是，创业活动存在着一定的风险与不确定性，即使年长创业者已经积累了丰富的创业资源，也可能会遭遇各种创业障碍。本书通过扎根理论分析发现，年长创业者对创业障碍的感知包括创业障碍类型感知和创业障碍强度感知两个范畴。

创业障碍类型感知包括技术和知识障碍、思维障碍、资金障碍、经营和生活环境障碍和支持伙伴障碍。技术和知识障碍是指年长创业者在创业过程中由于缺乏启动和维持业务所需的技术和管理业务知识而感知到的障碍。思维障碍是指年长创业者由于思维方式跟不上社会发展步伐导致经营遇到困难，如“相对保守、不愿冒险”“思维固化，对新事物抱有审慎的态度”“意识观念落后”等。资金障碍是指年长创业者在创业过程中遇到的由资金缺乏引起的障碍，如“缺乏启动和维持业务所需的资金”“客户回款慢”和“获得银行贷款的规则比较繁琐，贷款利息高”。经营和生活环境障碍是指年长创业者感知的由所处的经营环境和生活环境带来的创业障碍，如“因年龄因素受到不公平对待”“竞争环境欠佳”“国际（国家）政策变化给企业经营带来困难”以及“家庭牵绊多，难以全身心投入”等。支持伙伴障碍是指年长创业者感知的由于缺乏人际支持而引发的障碍，如“难以找到志同道合的合伙人”“缺乏可以寻求帮助的对象”“开拓和维持客户资源比较困难”以及“难以招聘到优秀忠诚的员工”。

创业障碍强度感知分为困难都不在话下、没遇到什么太大的困难、困难太大了 3 个程度。Wainwright、Kibler、Kautonen 等（2015）研究表明，感知创业障碍强度较大的年长创业者容易产生消极、负面情绪，从而对创业产生消极影响。Kautonen、Luoto 和 Tornikoski（2010）也指出，年长创业者可能会产生一系列不同的情绪，这些情绪可能会影响创业者对其自身创业能力的感知并以各种方式阻碍企业发展。本书通过扎根理论分析发现，当年长创业者感知创业障碍强度较大时，他们的创业积极性和主动性都会被削弱，丧失开拓业务的胆识和信心，从而使得企业成长绩效相对较差。

3. 员工导向使命感。Dik 和 Duffy（2009）将使命感界定为一种源于自身并超越自我的超然召唤，即以一种能展现或获得目的感或意义感以及以他人导向的价值观和目标作为基本动机来源的方式去践行特定生命角色。随着创业活动的不断开展，一部分年长创业者的创业动机会发生变化。他们产生“为了员工努力坚持”“要让员工有更好的生活”和“员工多年的追随，产生做好企业的使命感”等想法，本书将其界定为员工导向使命感。当员工导向使命感较高时，年长创业者即使感知到较强的创业障碍，企业成长绩效也依然较好。

4. 年长创业者创业动机产生、维度及其对新创企业成长影响的动态过程。创业者往往在多种创业动机的影响下从事创业活动（Staniewski 和 Awruk，2015；王玉帅和尹继东，2008；曾照英和王重鸣，2009），但是，必然有一种创业动机是创业者选择创业的最主要的驱动力（Cooper 和 Lybrand，1991）。创业动机作为一种内部心理过程或内在动力，激发、维持、调节人们从事创业活动，并引导创业活动朝向特定目标（曾照英和王重鸣，2009），是影响新创企业成功的一个关键因素（Blawatt，1995）。年长创业者最主要创业动机的不同，使得他们的企业成长绩效存在较大差异（动态过程见表 3－6 至表 3－10）。

由经济风险或孩子引发的压力是 40 岁以后的个体所独有的（戴安娜、萨莉和露丝，2013）。出于安全保障与子女发展而选择创业的年长创业者需要为家庭、个人谋求生活保障，或者为孩子创造更好的成长和发展环境，或者减轻子女压力，他们往往感知到更多的心理压力（Marks、Bumpass 和 Jun，2004）。这些压力会强化年长创业者对创业障碍的感知，从而影响企业成长绩效。

名利追求动机的年长创业者将企业做大做好当作赢得他人认可、获得更高社会地位或者积累财富的手段，因而往往会有较好的企业成长绩效。名利追求动机的产生源于创业资源、成就需要和权力需要的驱动，而有高成就需要的个体更愿意面对创业过程中的挑战（Espíritu－Olmos 和 Sastre－Castillo，2015），权力需要高的人喜欢从事竞争性强的工作，因而这类创业者感知的创业障碍强度往往较小。感知到较小的创业障碍，会增强年长创业者创业的积极性和主动性，从而收获更好的企业成长绩效。

表 3－6　　安全保障与子女发展动机产生、维度及其对新创企业成长影响的动态过程（示例）

受访者	条件		行动/互动	结果		情景	员工导向使命感
	创业动机影响因素	具体描述	创业动机	企业成长	具体描述	创业障碍感知	
北京刘先生	职场中对年长员工的年龄歧视——职涯发展受限	“当时是希望自己做一份事情，有个长远的……如果在原来的公司做，能预见到自己的未来。我有一个同班同学跟我都是在原来那个公司，然后他去年被原来的公司辞退了，对他打击也是挺大的。另一方面，那个时候正在搞知识产权战略，知识产权大发展，尤其是专利申请，所以想有可能有个机会吧，就出来了。”	避免失业可能	略有盈余	“我们这个行业很多时候是低价竞争，我们利润不高。” “现在也只能撑着吧，总算是活过一年。”	“说实话，无穷次打退堂鼓，无穷次想算了，不干了算了。” 困难太大了——创业障碍强度感知	“还有这么多同事，虽然不能说让他们大富大贵吧，但总是要人家到一个温饱小康吧。” 要让员工有更好的生活
	新政策出台带来创业机会——政策环境						
山东侯女士	社会资本——创业资源	“另外就是我有一个表姐在山东大学读书，可能在她看来当时我是一个满怀热情，还很有理想，潜质也不错，在农村这么辛苦，她就想着把我带出来。”	为家庭提供经济保障	员工数量、利润、销售额有很大提升	“企业绩效我还是挺满意的，公司现在有近百名员工，利润、销售额包括市场份额都有很大提升。”	“我们女人干事，承受能力还是弱一些，经常整夜睡不着觉。” 困难太大了——创业障碍强度感知	“当看到跟着我们十几年的员工的时候，就给了我们莫大的信心，就有一种使命感，就想着一定要和他们在一起把这个企业做好了，一开始没有那么大的使命感。” 员工多年的追随，产生做好企业的使命感
	缺乏有吸引力的就业选择——职涯发展受限	“那个时候我们也找不到那种什么铁饭碗，所以我们只好走上创业这条路的，不是有意走上这条路的……”					

续表

受访者	条件		行动/互动	结果		情景	员工导向使命感
	创业动机影响因素	具体描述	创业动机	企业成长	具体描述	创业障碍感知	
山东边女士	家族的创业影响——角色榜样	“我家里有做这一块的，我是靠家族资源做起来的。”	为子女创造更好的发展平台或减轻子女压力 为家庭提供经济保障	利润蛮不错	“利润与我们的付出还是成正比的，整体来说还是蛮不错的。”	“小困难很多，但是没感觉有什么解决不了的大困难。”没遇到什么太大的困难——创业障碍强度感知	“再往下走，其实是带着一份责任，我要让跟着我的这个团队有更好的生活。” 要让员工有更好的生活
	社会资本——创业资源						

表 3-7　名利追求动机产生、维度及其对新创企业成长影响的动态过程（示例）

受访者	条件		行动/互动	结果		情景	员工导向使命感
	创业动机影响因素	具体描述	创业动机	企业成长	具体描述	创业障碍感知	
广东杨先生	经验——创业资源	“我们的基础就是我们有技术，刚开始在厂里打工的时候我们掌握了技术以后，自己出来做第一个厂，有第一个厂做基础，也有人脉了，各方面条件都具备了，才会做第二个厂。”	获得更高的社会地位	利润不错	“从开年一直到现在，原材料虽然在上涨，我们做的产品的价格也在上涨，那就厂里来说，我们的生意还是比较好做。”	“后来办第二个厂的时候，我们只懂一部分，不是很懂，技术上遇到什么困难肯定也是存在的。” 困难都不在话下——创业障碍强度感知	
	希望获得更高的社会地位——权力需要	“像我们农村老家说的，无论是当官还是做事业，把事业做大了，也是光宗耀祖，爱面子的一种事情。”					

续表

受访者	条件		行动/互动	结果		情景	员工导向使命感
	创业动机影响因素	具体描述	创业动机	企业成长	具体描述	创业障碍感知	
河南李先生	经验——创业资源	“因为之前都是在高端餐饮店里做主厨，后来就想着出来做会所。”	积累财富			“客户比较少，之前积累的资源不足以支持会所的维持。” 没遇到什么太大的困难——创业障碍强度感知	
湖北刘先生	经验——创业资源	“一直都在这个行业工作，对它比较熟悉。”	赢得公众认可	销售额、利润还可以	“销售额、利润还可以。”	“其实整个的3年中，没觉得有什么事情值得那什么。都是什么问题来了就解决嘛。” 困难都不在话下——创业障碍强度感知	
	喜欢接受挑战和面对新鲜事物——成就需要	“生活要充满挑战，死水一样的生活我不喜欢。”					

表 3 -8　独立/自主动机产生、维度及其对新创企业成长影响的动态过程（示例）

受访者	条件		行动/互动	结果		情景	员工导向使命感
	创业动机影响因素	具体描述	创业动机	企业成长	具体描述	创业障碍感知	
广东马先生	希望对自己的工作有更多的控制权——权力需要	“因为给别人打工还是做得有点憋屈的，因为40多岁的人有自己的经营理念……”	自己做掌控者	利润略有盈余	“今年只能说是略有盈余了，明年就是收回投资嘛，得一步一步来嘛，后年再去发展一年，大后年再去搞一个新厂房，就是这样一步步做。”	“生产的时候是天天都有问题的。做汽车行业，这个技术的储备是很重要的，招了些人，但是那些问题他不一定能完全搞得定啊，有时候可能开发的时候解决问题了，到量产又出问题了，很多事情。都是什么问题来了就解决什么问题。” 没遇到什么太大的困难——创业障碍强度感知	
	经验——创业资源	“汽车行业是没有提成之类的说法的，就是你做再好的业绩，年薪都没有多大的变化嘛。”					
山东陈先生	喜欢领导和掌控的感觉——权力需要	“我想做的，是自己作为掌控者。”	自己做掌控者	利润、销售额不错	“还不错。销售额四五千万、利润额，400—800万。”	“我觉得像我们创业做大的障碍就是资金。现在好点了，刚开始很困难。” 困难都不在话下——创业障碍强度感知	
	看到一个很有前景的机会并相信自己可以实现它——创业效能感	“我看到一款产品挺好的，水蒸发制冷空调，觉得比较环保，就出来了。”					

续表

受访者	条件		行动/互动	结果		情景	员工导向使命感
	创业动机影响因素	具体描述	创业动机	企业成长	具体描述	创业障碍感知	
河北李女士	对原单位/原工作不满意——职涯发展受限	“一个重要的原因就是，公司派过来一个大区经理，他要在这里达到自己的一个计划，他给公司诬陷我，老板没有调查就相信了他，所以我感觉挺伤心的，也挺生气的。”	自己掌握职业命运	员工人数、销售额都在不断扩大	“从我付出的资金、时间和付出的精力等方面与打工比起来还是挺好的。企业规模、员工人数、销售额都在不断扩大。”	“在资金方面遇到过困难。其他方面的困难暂时没有。”困难都不在话下——创业障碍强度感知	
	看到一个很有前景的机会并相信自己可以实现它——创业效能感	“另外，公司在挑业务，你比如说有零租的，有月租的，有个人和企业客户，后来又有金融、分期，公司可能就下一个制度，没有工作的、半年以内的客户，可能就不要了，我是觉得这一块的客户才是会产生长期客户的一个基础，我不想丢失这一块客户，事实上这是一个利润源。”					

表 3-9　精神体验动机产生、维度及其对新创企业成长影响的动态过程（示例）

受访者	条件		行动/互动	结果		情景	员工导向
	创业动机影响因素	具体描述	创业动机	企业成长	具体描述	创业障碍感知	使命感
山东刘先生	政府重视创业，创业前景会好——政策环境	“现在国家对创业比较重视，按理说，创业前景应该会不错。”	挑战自我	略有盈余	“略有盈余。”	“困难都不在话下。” 困难都不在话下——创业障碍强度感知	
山东秦先生	自己具备的能力能够解决创业中遇到的问题——创业效能感	“当时信心挺足，个人干，个人价值、个人创造的财富，个人干的成果应该比过去要好，就是这种冲动、自信，就出来自己干了。”	实现人生价值	略有盈余	“多少赚了点钱。”	“刚起步的时候都是很困难的，最主要的一个困难是资金。当时有借的高利贷，从亲戚那借的钱。” 没遇到什么太大的困难——创业障碍强度感知	
	对原单位/工作不满意——职涯发展受限	“当时我已经是公司副总，很难再更进一步了。”					
河南张先生	看到一个很有前景的机会并相信自己可以实现它——创业效能感	“退休后，总想再干点儿什么，我发现用散养的方式养鸡，很有发展前景。”	保持活跃	销售额和利润不错	“销售额几十万，收入可观。”	“没感觉有什么困难。” 困难都不在话下——创业障碍强度感知	
	喜欢接受挑战和面对新鲜事物——成就需要	“人活着要有股精气神，整天闲着没意思。”					

表 3-10　社会责任动机产生、维度及其对新创企业成长影响的动态过程（示例）

受访者	条件		行动/互动	结果		情景	员工导向使命感
	创业动机影响因素	具体描述	创业动机	企业成长	具体描述	创业障碍感知	
山东翟女士	喜欢接受挑战和面对新鲜事物——成就需要	“我教师退休以后，在家闲着也是无聊，况且我这个人也闲不住，我不想就这么按部就班地活着，我喜欢新鲜的生活。”	助力国家经济发展 增加就业	销售额、利润都非常好	“与同行业相比，大大超过了他们，咱一个店干了人家3个店的效益。我们100多个人卖的车的数量就和别的店300多人卖的车的数量一样。”	“像什么诈骗、客户来堵门啥的，这些我之前从来没有遇到过。除了在客户方面遇到的困难，在经营方面，还有一个行业成熟的问题。在国际政策上也遇到过一些困难，你比如‘萨德事件’，就给我造成1000多万的亏损。” 困难太大了——创业障碍强度感知	“我希望每一个员工都能在企业获得更好的生活。” 要让员工有更好的生活
山东王女士	经验——创业资源	“因为从事这一行业，都是教育是吧，原来是管大学生，管国际留学生的。主要是自己干教育，如果不干教育就不干这了。”	促进社会发展	销售额、员工数量增长很快	“成立3年时间，在校学生四五百，100多个职工在这里成长。”	“再大的困难也不是事。” 困难都不在话下——创业障碍强度感知	

续表

受访者	条件		行动/互动	结果		情景	员工导向使命感
	创业动机影响因素	具体描述	创业动机	企业成长	具体描述	创业障碍感知	
上海陈先生	喜欢接受挑战和面对新鲜事物——成就需要	“创业可以让我生活充满新鲜感。”	助力国家经济发展促进社会发展	利润、销售额、员工数量增长很快	“规模、利润、销售额、员工数量增长很快，2010年我刚在上海成立一家新的投资公司。”	“我可以用人生阅历来弥补我的一些不足，所以也可以相处的很和谐。”困难都不在话下——创业障碍强度感知	
	政府创业优惠政策——政策环境	“提供‘三免两减半’的办公条件，虽然面积只有80个平方，但是这个政策已经很鼓舞人心了。”					

独立/自主动机的年长创业者希望对自己的工作有更多的控制权、希望自己做掌控者或者享受自己创业的自由和灵活。这类年长创业者往往已经具有相对较高的经济基础或社会地位，这些资源是可以促进企业成长的。加之，这类创业者往往具有较高的权力需要，因而感知到较低的创业障碍，导致企业表现出较好的成长绩效。

Erikson（1950）指出，40 岁左右的个体正迈入人生第 7 个阶段——传承对停滞。传承感比较强的个体往往具有很强的责任感（Mcadams、Diamond、Ed 等，1997），他们满怀“牺牲我一个，幸福天下人”的济世情怀，致力于社会进步事业，义无反顾且克服重重阻碍，并最终取得积极的成果。这类创业者往往感知到较低的创业障碍，从而获得相对较高的企业成长绩效。

精神体验动机的年长创业者出于对个体内在精神层面目标的追求而选择创业。他们在成就需要、政策环境、创业效能感和职涯发展受限的驱动下，追求创业带来的成就感和挑战，希望通过创业实现自己的人生价值或创业想法，这类创业者喜欢创业带来的挑战和新鲜感，因而往往感知到的创业障碍强度较低。但是，由于这类创业者关注的是创业带来的精神体验，对物质回报并不是很看重，因而企业成长绩效相对一般。

在编码过程中，本书发现，有的年长创业者感知的创业障碍强度很高，但是企业成长绩效很好。通过对这些年长创业者进行不断比较分析发现，这些年长创业者往往具有较高的员工导向使命感，他们将员工视为努力经营企业的动力，希望通过做大做好企业为员工创造更好的生活。即，员工导向使命感会调节年长创业者创业障碍感知和新创企业成长之间的关系。

本书运用扎根理论方法对 22 位年长创业者创业动机相关资料进行开放性编码、主轴编码和选择性编码，提炼出核心范畴——“年长创业者创业动机：产生、维度及影响”。通过利用另外 8 位年长创业者的资料进行理论饱和度的检验，并将扎根理论所得出的范畴与已有文献进行比较和分析，最终本书建构出年长创业者创业动机产生、维度及影响的理论模型，如图 3-4 所示。

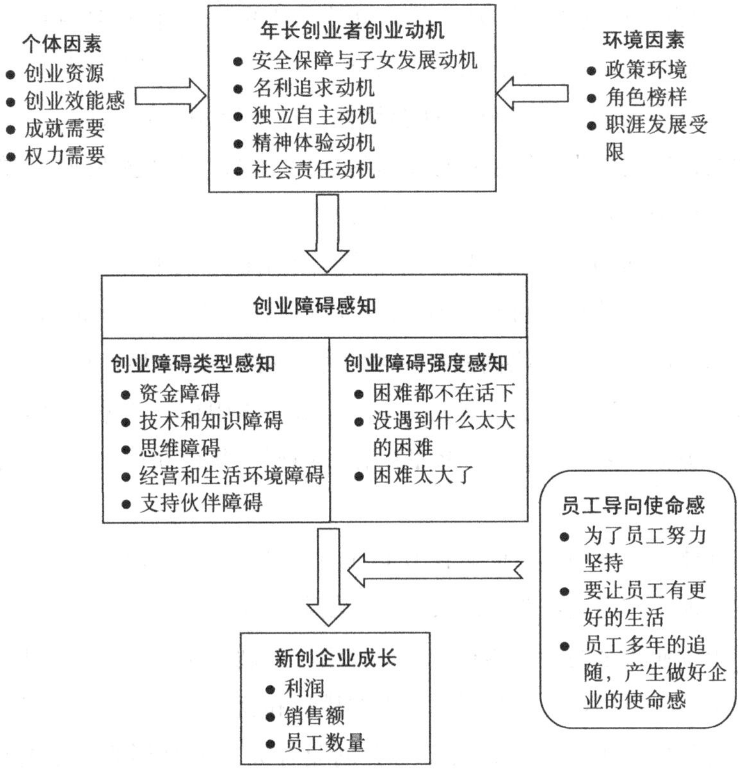

图3-4　年长创业者创业动机产生、维度及影响的理论模型

图3-4形象地勾勒出了年长创业者创业动机产生、维度及影响的过程。年长创业者在创业资源、创业效能感、成就需要、权力需要等个体因素和政策环境、角色榜样、职涯发展受限等环境因素的影响下产生创业动机。个体因素和环境因素的差异导致创业者最主要创业动机的差异，进而导致他们感受到不同类型和强度的创业障碍，从而呈现出差异化的企业成长绩效。当前，年长创业者创业动机效能机制的研究相当匮乏，不同个体如何在不同因素的影响下产生不同的创业动机这一问题也尚未得到深入探讨，该研究结论在一定上补充了年长创业者领域的研究短板。同时，本书探讨了年长创业者创业过程中遭遇的创业障碍，这为当前多聚焦于年长创业者创业积极面的年长创业者领域注入了“新鲜血液”。创业活动充满各种不确定性，在看到年长创业者创业给年长者和社会经济发展带来的好处的同时，也应当意识到创业的挑战，毕竟对于年长者来说创业失败的后果

更为严重。综合探讨年长创业者创业的优势和劣势才更能凸显本领域研究的严谨性，也才更具有实践价值。此外，本书采用阶段的、动态的方式探讨年长创业者创业动机，识别了年长创业者创业动机变化对其企业成长的影响。创业活动不是一蹴而就的，在漫长的创业过程中，一部分年长创业者创业动机发生变化，产生了员工导向使命感，这些年长创业者即使感知到较强的创业障碍，其企业成长绩效仍然较好。

年长创业者的创业动机和创业障碍感知共同影响了他们的企业成长绩效。该研究结论进一步证实了年长者创业在促进年长者个人和国家经济发展方面的作用，并为促进年长者开展创业活动和提高其企业成长绩效提供了两个思路：一是激发年长者创业动机；二是降低年长者创业障碍感知。政府鼓励年长者开展创业活动，有针对性地为年长者提供创业支持既可以激发年长者的创业动机，也会降低他们的创业障碍感知。另外，企业开展“被离职”年长员工的“创业适应学习”也会促进年长者开展创业活动，并能够提高其企业成长绩效。

本章小结

本章运用扎根理论方法，构建了年长创业者创业动机产生、维度及其对新创企业成长影响的动态过程模型。年长创业者在创业资源、创业效能感、成就需要、权力需要、角色榜样、政策环境以及职涯发展受限的影响下，产生安全保障与子女发展动机、名利追求动机、独立/自主动机、精神体验动机以及社会责任动机。影响因素不同，年长创业者创业动机也不同。具体来说，年长创业者在创业资源、角色榜样、政策环境和职涯发展受限的影响下产生安全保障与子女发展动机；在职涯发展受限、权力需要、创业资源和创业效能感的影响下产生独立/自主动机；在创业资源、权力需要、成就需要的影响下产生名利追求动机；在成就需要、政策环境、创业效能感和职涯发展受限的影响下产生精神体验动机；在成就需要、创业资源和政策环境的影响下产生社会责任动机。

年长创业者创业动机不同，企业成长绩效也不同。总的来讲，名利追求动机、独立/自主动机和社会责任动机的年长创业者企业成长绩效较好，而安全保障与子女发展动机和精神体验动机的年长创业者企业成长绩效较差。年长创业者创业动机不同，其感知的创业障碍也不同。安全保障与子女发展动机的年长创业者感知的创业障碍较强，而名利追求动机、精神体验动机和社会责任动机的年长创业者感知到的创业障碍较弱。感知创业障碍较强的创业者，企业成长绩效相对要差。然而，有的年长创业者感知的创业障碍强度很高，但是企业成长绩效很好。通过对这些年长创业者进行不断地比较分析发现，这些年长创业者往往具有较高的员工导向使命感，他们将员工作为努力经营企业的动力，希望通过做大做好企业为员工创造更好的生活。

第四章

年长创业者创业动机维度及影响因素验证研究

第一节　年长创业者创业动机维度及影响因素构思验证

第三章运用扎根理论方法建构了年长创业者创业动机的维度结构及其影响因素。扎根理论结果表明，年长创业者在创业资源、创业效能感、成就需要、权力需要、角色榜样、政策环境以及职涯发展受限的影响下，产生安全保障与子女发展动机、名利追求动机、独立/自主动机、精神体验动机以及社会责任动机。影响因素不同，年长创业者创业动机不同。

然而，扎根理论方法虽然可以很好地从过程导向的视角揭示创业资源、创业效能感、成就需要、权力需要、角色榜样、政策环境以及职涯发展受限对年长创业者创业动机的影响，但是这只是初步的理论建构。扎根理论方法无法对已得出的理论进行验证。因此，本书将根据扎根理论所得结果编制量表，并通过大规模问卷调研验证年长创业者创业动机及其影响因素的维度结构，并检验年长创业者创业动机影响因素对创业动机的影响，找出影响的主要路径，从而为扎根理论所建构的理论提供强有力的实证依据。

一、量表开发与预测试

（一）量表开发

第三章运用扎根理论建构了年长创业者创业动机产生、维度及其对新创企业成长影响的动态过程模型，为量表开发工作奠定了扎实的理论基础。基于扎根理论分析的主轴编码结果编写年长创业者创业动机维度结构及影响因素量表条目，并参考以往文献规范使用中国情境的语言进行行为表述，编制出由20个行为条目组成的创业动机维度结构原始版量表和由22个行为条目组成的创业动机影响因素原始版量表（见表4－1和表4－2）。

表4-1　基于扎根理论分析的年长创业者创业动机维度结构量表编制

范畴	概念	行为条目
名利追求动机	赢得公众认可	1. 把创业当作赢得公众认可的途径（EMF1）
	获得更高的社会地位	2. 通过创业获得更高的社会地位（EMF2）
	证明自己有能力做	3. 证明自己有能力完成创业活动（EMF3）
	积累财富	4. 通过创业积累更多的财富（EMF4）
精神体验动机	享受创业带来的乐趣或激情感受	5. 享受创业带来的乐趣或激情感受（EMM1）
	保持活跃	6. 通过创业让自己保持活跃（EMM2）
	追求成就感	7. 享受创业带来的成就感（EMM3）
	实现创业想法	8. 实现创业想法（EMM4）
	实现人生价值	9. 通过创业实现自己的人生价值（EMM5）
	挑战自我	10. 通过创业不断挑战自己（EMM6）
安全保障与子女发展动机	为家庭提供经济保障	11. 为家庭提供经济保障（FS1）
	为子女创造更好的发展平台或为子女减轻压力	12. 通过创业为子女创造更好的发展平台或为子女减轻压力（FS2）
	避免失业可能	13. 自己创业，不用担心被辞退，避免了失业可能（FS3）
	寻求未来生活保障	14. 寻求未来生活保障（FS4）
社会责任动机	助力国家经济发展	15. 助力国家经济发展（SR1）
	促进社会发展	16. 促进社会发展（SR2）
	增加就业	17. 增加就业（SR3）
独立/自主动机	自己创业时间灵活、自由	18. 自己创业时间灵活并自由（IND1）
	自己掌握职业命运	19. 自己掌握自己的职业命运，避免职业发展受到外在因素的限制（IND2）
	自己做掌控者	20. 自己做掌控者，可以独立决策，并拥有对企业的完全控制（IND3）

表 4－2　基于扎根理论分析的年长创业者创业动机影响因素量表编制

范畴	概念	行为条目
创业资源	资金	1. 创业前，我积累了一定的资金（ER1）
	社会资本	2. 我积累的人脉资源能够给我提供创业的帮助，如筹集资金、介绍客户或分享经验等，这对我的创业打算产生了很大正面影响（ER2）
	客户资源	3. 创业前，我在该行业已经积累了一定的客户资源（ER3）
	经验	4. 创业前，我已经具备了该行业所需要的技术、行业经验或管理经验（ER4）
创业效能感	具备的能力能够解决创业中遇到的问题	5. 我相信自己具备的能力能够解决创业中遇到的问题（ESE1）
	行业发展方向大致可以看得准	6. 我对行业发展方向大致可以看得准（ESE2）
	看到一个很有前景的机会并相信自己可以实现它	7. 我看到一个很有前景的机会并相信自己可以实现它（ESE3）
成就需要	创业可以带来工作所不能够给予的成就感	8. 创业可以为我带来工作所不能够给予的成就感（AN1）
	希望不断提高和突破自己	9. 我总是试图不断提高和突破自己（AN2）
	喜欢接受挑战和面对新鲜事物	10. 对我来说，不断接受新的挑战和面对新的事物是非常重要的（AN3）
权力需要	喜欢领导和掌握的感觉	11. 我喜欢领导和掌控的感觉（PN1）
	希望获得更高的社会地位	12. 我希望自己在社会中能够拥有更高的社会地位（PN2）
	希望对自己的工作有更多的控制权	13. 我希望对自己的工作拥有更多的控制权（PN3）
角色榜样	家族的创业影响	14. 我家族中成功创业者较多，这对我创业影响很大（RM1）
	朋友同事的创业影响	15. 我朋友同事中成功创业者较多，这对我创业影响很大（RM2）
	地区的创业影响	16. 我所在地区成功创业者较多，这对我创业影响很大（RM3）

续表

范畴	概念	行为条目
政策环境	政府创业优惠政策	17. 政府出台的各项创业优惠措施对我的创业打算产生很大正面影响（PE1）
	新政策出台带来创业机会	18. 政府新政策的出台带来创业机会（PE2）
	政府重视创业，创业前景会好	19. 政府对创业非常重视，让我意识到创业前景会很好（PE3）
职涯发展受限	缺乏有吸引力的就业选择	20. 缺乏有吸引力的就业选择，对我创业影响很大（PF1）
	职场中对年长员工的年龄歧视	21. 职场中对年长员工的年龄歧视，对我创业影响很大（PF2）
	对原单位不满意（包括对收入调整不满意、对岗位调整不满意或遭遇职业瓶颈、职场排挤）	22. 对创业前工作不满意，如对收入/岗位调整不满意、遭遇职业瓶颈或职场排挤（PF3）

（二）预测试

通过问卷星网站进行预测试问卷的收集。回收问卷 77 份，剔除填写时间不到 2 分钟或企业成立时间超过 8 年的问卷 17 份，最终得到有效问卷 60 份（见表 4－3）。根据 Oksenberg、Cannell 和 Kalton（1991）建议，预测试样本数 25—75 份是足够的，因此，本书预测试问卷数量是符合理论要求的。

表 4－3　　　　预试样本基本信息

变量	类别	频次	有效百分比（%）	累计百分比（%）
性别	男	44	73.3	73.3
	女	16	26.7	100.0
创业时年龄	40—44 岁	19	31.7	31.7
	45—49 岁	21	35.0	35.0
	50—59 岁	11	18.3	85.0
	60 岁及以上	9	15.0	100.0
文化程度	初中及以下	7	11.7	11.7
	高中/中专	16	26.7	26.7
	大专	7	11.7	11.7

续表

变量	类别	频次	有效百分比（%）	累计百分比（%）
文化程度	本科	25	41.7	41.7
	研究生	5	8.3	8.3
所属行业	农林牧渔业	5	8.3	8.3
	建筑业	7	11.7	20.0
	制造业	8	13.3	33.3
	交通运输仓储和邮政业	5	8.3	41.7
	房地产业	1	1.7	43.3
	金融保险业	1	1.7	45.0
	住宿和餐饮业	6	10.0	55.0
	商务服务业	3	5.0	60.0
	批发和零售业	7	11.7	71.7
	居民服务和其他服务业	2	3.3	75.0
	科学研究和技术服务业	1	1.7	76.7
	教育业	3	5.0	81.7
	医疗卫生业	1	1.7	83.3
	其他	10	16.7	100.0
创业经历	有	17	28.3	28.3
	无	43	71.7	100.0

对年长创业者创业动机量表题项进行27、73高低分群t检验，检验结果如表4-4所示，所有题项p值均显著，表示该量表题项均具有很好的鉴别力（高低分群有显著差异），应当予以保留。

表4-4　　　　年长创业者创业动机量表预试结果

测量题项	平均值等同性t检验				HL	个案数	平均值	标准差
	t	自由度	p	均值差值				
1. 把创业当作赢得公众认可的途径	-2.993	41	0.005	-0.93	1	16	2.81	0.750
					2	27	3.74	1.095
2. 享受创业带来的乐趣或激情感受	-5.367	41	0.000	-1.28	1	16	2.94	0.998
					2	27	4.22	0.577

续表

测量题项	平均值等同性 t 检验				HL	个案数	平均值	标准差
	t	自由度	p	均值差值				
3. 通过创业获得更高的社会地位	-5.299	41	0.000	-1.24	1	16	2.88	0.957
					2	27	4.11	0.577
4. 通过创业积累更多的财富	-2.768	41	0.008	-0.56	1	16	3.81	0.750
					2	27	4.37	0.565
5. 证明自己有能力完成创业活动	-3.992	41	0.000	-0.84	1	16	3.56	0.814
					2	27	4.41	0.572
6. 寻求未来生活保障	-5.158	41	0.000	-1.36	1	16	3.13	1.204
					2	27	4.48	0.509
7. 通过创业让自己保持活跃	-4.079	41	0.000	-1.06	1	16	3.13	0.957
					2	27	4.19	0.736
8. 享受创业带来的成就感	-5.349	41	0.000	-1.41	1	16	3.00	1.155
					2	27	4.41	0.572
9. 实现创业想法	-5.430	41	0.000	-1.57	1	16	2.88	1.258
					2	27	4.44	0.641
10. 通过创业实现自己的人生价值	-4.926	41	0.000	-1.23	1	16	3.25	1.065
					2	27	4.48	0.580
11. 自己做掌控者，可以独立决策，并拥有对企业的完全控制	-5.410	41	0.000	-1.74	1	16	2.38	1.204
					2	27	4.11	0.892
12. 助力国家经济发展	-3.632	41	0.001	-0.96	1	16	3.00	0.966
					2	27	3.96	0.759
13. 通过创业不断挑战自己	-5.029	41	0.000	-1.34	1	16	3.06	1.181
					2	27	4.41	0.572
14. 促进社会发展	-5.866	41	0.000	-1.38	1	16	2.88	0.957
					2	27	4.26	0.594
15. 通过创业为子女创造更好的发展平台或为子女减轻压力	-2.775	41	0.008	-0.86	1	16	3.25	1.238
					2	27	4.11	0.801

续表

测量题项	平均值等同性 t 检验				HL	个案数	平均值	标准差
	t	自由度	p	均值差值				
16. 增加就业	-3.786	41	0.000	-1.05	1	16	3.06	1.124
					2	27	4.11	0.698
17. 自己创业时间灵活并自由	-3.058	41	0.004	-1.13	1	16	2.88	1.360
					2	27	4.00	1.038
18. 为家庭提供经济保障	-4.231	41	0.000	-1.08	1	16	3.25	1.125
					2	27	4.33	0.555
19. 自己创业，不用担心被辞退，避免了失业可能	-6.128	41	0.000	-1.78	1	16	2.00	0.894
					2	27	3.78	0.934
20. 自己掌握自己的职业命运，避免职业发展受到外在因素的限制	-6.018	41	0.000	-1.76	1	16	2.31	1.195
					2	27	4.07	0.730

对创业动机影响因素量表题项进行27、73高低分群t检验，检验结果如表4-5所示，所有题项p值均显著，表示该量表题项均具有很好的鉴别力（高低分群有显著差异），应当全部予以保留。

表4-5　　　　年长创业者创业动机影响因素量表预试结果

测量题项	平均值等同性 t 检验				HL	个案数	平均值	标准差
	t	自由度	p	均值差值				
1. 我相信自己具备的能力能够解决创业中遇到的问题	-4.295	46	0.000	-0.99	1	23	3.13	0.968
					2	25	4.12	0.600
2. 我对行业发展方向大致可以看得准	-5.225	46	0.000	-1.22	1	23	2.78	0.850
					2	25	4.00	0.764
3. 我看到一个很有前景的机会并相信自己可以实现它	-4.493	46	0.000	-1.08	1	23	3.00	0.953
					2	25	4.08	0.702
4. 创业前，我积累了一定的资金	-3.457	46	0.001	-0.96	1	23	2.96	1.147
					2	25	3.92	0.759

续表

测量题项	平均值等同性 t 检验				HL	个案数	平均值	标准差
	t	自由度	p	均值差值				
5. 我积累的人脉资源能够给我提供创业的帮助，如筹集资金、介绍客户或分享经验等，这对我的创业打算产生了很大正面影响	-3.848	46	0.000	-1.05	1	23	2.91	1.203
					2	25	3.96	0.611
6. 创业前，我在该行业已经积累了一定的客户资源	-2.877	46	0.006	-0.93	1	23	2.91	1.203
					2	25	3.84	1.028
7. 创业前，我已经具备了该行业所需要的技术、行业经验或管理经验	-3.913	46	0.000	-0.95	1	23	3.13	1.014
					2	25	4.08	0.640
8. 创业可以为我带来工作所不能够给予的成就感	-3.885	46	0.000	-0.98	1	23	3.26	1.096
					2	25	4.24	0.597
9. 我总是试图不断的提高和突破自己。	-3.634	46	0.001	-0.93	1	23	3.35	0.982
					2	25	4.28	0.792
10. 对我来说，不断接受新的挑战和面对新的事物是非常重要的	-2.349	46	0.023	-0.51	1	23	3.61	0.941
					2	25	4.12	0.526
11. 我家族中成功创业者较多，这对我创业影响很大	-4.426	46	0.000	-1.29	1	23	2.35	0.935
					2	25	3.64	1.075
12. 我朋友同事中成功创业者较多，这对我创业影响很大	-3.819	46	0.000	-1.10	1	23	2.74	1.096
					2	25	3.84	0.898
13. 我所在地区成功创业者较多，这对我创业影响很大	-3.110	46	0.003	-0.89	1	23	2.87	1.014
					2	25	3.76	0.970
14. 我喜欢领导和掌控的感觉	-3.289	46	0.002	-0.80	1	23	3.04	0.767
					2	25	3.84	0.898
15. 我希望自己在社会中能够拥有更高的社会地位	-2.435	46	0.019	-0.78	1	23	2.74	0.964
					2	25	3.52	1.229
16. 我希望对自己的工作拥有更多的控制权	-4.367	46	0.000	-0.93	1	23	3.39	0.839
					2	25	4.32	0.627

续表

测量题项	平均值等同性 t 检验				HL	个案数	平均值	标准差
	t	自由度	p	均值差值				
17. 政府出台的各项创业优惠措施对我的创业打算产生很大正面影响	-4.570	46	0.000	-1.25	1	23	2.87	1.140
					2	25	4.12	0.726
18. 政府新政策的出台带来创业机会	-5.032	46	0.000	-1.46	1	23	2.74	1.214
					2	25	4.20	0.764
19. 政府对创业非常重视，让我意识到创业前景会很好	-6.094	46	0.000	-1.63	1	23	2.57	1.037
					2	25	4.20	0.816
20. 缺乏有吸引力的就业选择，对我创业影响很大	-3.412	46	0.001	-1.01	1	23	2.83	1.193
					2	25	3.84	0.850
21. 职场中对年长员工的年龄歧视，对我创业影响很大	-4.019	46	0.000	-1.28	1	23	2.52	1.163
					2	25	3.80	1.041
22. 对创业前工作不满意，如对收入/岗位调整不满意，遭遇职业瓶颈或职场排挤	-3.733	46	0.001	-1.20	1	23	2.52	1.123
					2	25	3.72	1.100

二、探索性因子分析

（一）取样

本书问卷采用纸质问卷和网络问卷两种形式。纸质问卷主要发放区域为山东济南、河南郑州、广东广州、湖北武汉，共发放问卷 97 份，剔除有数据残缺问卷 12 份、企业成立时间超过 8 年的问卷 7 份，最终得到有效问卷 78 份。网络问卷通过问卷星网站发放，回收问卷 142 份。剔除填写时间不到 2 分钟的问卷 6 份、企业成立时间超过 8 年的问卷 12 份，最终得到有效问卷 124 份。网络样本分布在广东、山东、河南、湖北、浙江、江苏、北京、河北、辽宁、上海等 20 个省（直辖市）。本书最终获得有效问卷 202 份，样本基本信息如表 4－6 所示。

表 4 - 6　　探索性因子分析样本基本信息

变量	类别	频次	有效百分比（%）	累计百分比（%）
性别	男	144	71.3	71.3
	女	58	28.7	100.0
创业时年龄	40—44 岁	91	45.0	45.0
	45—49 岁	69	34.2	79.2
	50—59 岁	26	12.9	92.1
	60 岁及以上	16	7.9	100.0
文化程度	初中及以下	21	10.4	10.4
	高中/中专	43	21.3	31.7
	大专	46	22.8	54.5
	本科	73	36.1	90.6
	研究生	19	9.4	100.0
家境状况	差	19	9.4	9.4
	一般	130	64.4	73.8
	好	53	26.2	100.0
创业经历	有	43	21.3	21.3
	无	159	78.7	100.0
公司规模	9 人及以下	117	57.9	57.9
	10—49 人	55	27.2	85.1
	50—99 人	18	8.9	94.1
	100—299 人	4	2.0	96.0
	300 人及以上	8	4.0	100.0
企业成立年限	1 年以下	63	31.2	31.2
	1—3 年	71	35.1	66.3
	4—5 年	42	20.8	87.1
	6—8 年	26	12.9	100.0
所属行业	农林牧渔业	12	5.9	5.9
	建筑业	15	7.4	13.4
	制造业	31	15.3	28.7
	交通运输仓储和邮政业	16	7.9	36.6
	房地产业	5	2.5	39.1
	金融保险业	6	3.0	42.1

续表

变量	类别	频次	有效百分比（%）	累计百分比（%）
所属行业	住宿和餐饮业	16	7.9	50.0
	商务服务业	14	6.9	56.9
	批发和零售业	27	13.4	70.3
	居民服务和其他服务业	9	4.5	74.8
	科学研究和技术服务业	6	3.0	77.7
	教育业	16	7.9	85.6
	医疗卫生业	4	2.0	87.6
	文化体育和娱乐业	2	1.0	88.6
	其他	23	11.4	100.0

Hair（1998）指出样本大小取决于问卷中最大的构面中的题项数目，通常根据母体大小以5—20倍作为抽样数目。Bentler和Chou（1987）指出，在数据符合常态、无缺失值及极端值情形下，样本量与题项比例应达到5∶1，否则应为10∶1。吴明隆（2010）指出，如要进行探索性因子分析，则样本数最好为量表题项数的5倍，如果样本数与量表题项数比例为10∶1，则结果会更有稳定性。其中，量表题项数非问卷总题数，而是问卷中包含题项数最多的一份量表。年长创业者群体少且分散，样本获取难度相当大，所以本书最终获取样本202份，符合探索性因子分析所需数据的基本要求。

（二）创业动机探索性因子分析过程与结果

对年长创业者创业动机量表进行KMO和巴特利特（Bartlett）球形度检验，以判断题项是否可以进行因子分析，检验结果如表4－7所示。KMO系数为0.858，大于0.8，而且巴特利特球形度检验卡方统计量不显著，表明该量表各题项适合进行因子分析。

表4－7　年长创业者创业动机量表KMO和Bartlett球形检验

KMO取样适切性量数		0.858
巴特利特球形度检验	近似卡方	2 161.696
	自由度	190
	显著性	0.000

运用主成分—直交旋转—最大方差法对年长创业者创业动机量表进行探索性因子分析，抽取出5个因子，解释总体变异的69.930%（见表4-8）。

表4-8 年长创业者创业动机量表旋转成分矩阵

测量题项	成分				
	F1	F2	F3	F4	F5
EMM3	0.804				
EMM1	0.783				
EMM5	0.740				
EMM4	0.650				
EMM6	0.646				
SR1		0.870			
SR3		0.853			
SR2		0.842			
EMM2		0.546			
FS1			0.818		
FS3			0.775		
FS4			0.725		
FS2			0.673		
EMF1				0.840	
EMF2				0.811	
EMF4			0.402	0.751	
EMF3				0.669	
IND2					0.855
IND1					0.801
IND3					0.684
特征值	6.880	2.510	1.704	1.591	1.301
解释变异量（%）	34.400	12.549	8.519	7.956	6.506
累计解释变异量（%）	34.400	46.949	55.468	63.424	69.930

扎根理论分析中“保持活跃”属于精神体验动机下的题项，而在探索性因子分析下它归于社会责任动机，因而，删除题项EMM2“通过创业让自己保持活跃”，重新采用主成分—直交旋转—最大方差法进行分析，抽

取出 5 个因子，解释总体变异的 71.506%。EMF4 “通过创业积累更多的财富” 在 F2 的载荷量超过 0.4，但考虑到与其在 F4 上的载荷量相差比较大，该题项可以予以保留。每个题项的因素载荷在 0.660—0.874 之间（见表 4－9）。

表 4－9　　年长创业者创业动机量表探索性因子分析结果

测量题项	成分				
	F1	F2	F3	F4	F5
EMM3	0.795				
EMM1	0.784				
EMM5	0.752				
EMM4	0.666				
EMM6	0.660				
FS1		0.826			
FS3		0.774			
FS4		0.732			
FS2		0.670			
SR1			0.874		
SR3			0.861		
SR2			0.849		
EMF1				0.846	
EMF2				0.810	
EMF4		0.421		0.738	
EMF3				0.677	
IND2					0.843
IND1					0.798
IND3					0.707
特征值	6.623	2.474	1.695	1.531	1.262
解释变异量（%）	34.860	13.019	8.923	8.060	6.643
累计解释变异量（%）	34.860	47.879	56.803	64.863	71.506

从探索性因子分析结果来看，年长创业者创业动机呈5因子结构。

因素F1共有5个项目，即享受创业带来的成就感、享受创业带来的乐趣或激情感受、通过创业实现自己的人生价值、实现创业想法、通过创业不断挑战自己。项目内容显示，因素F1体现了年长创业者创业是基于个体内在精神层面目标的追求，与扎根理论编码结果基本一致，因此，将因素F1命名为精神体验动机。

因素F2共有4个项目：为家庭提供经济保障；自己创业，不用担心被辞退，避免了失业可能；寻求未来生活保障；通过创业为子女创造更好的发展平台或者为子女减轻压力。根据项目的内容可以看出，因素F2是年长创业者出于个人和家庭保障，或者为子女提供更好的成长和发展环境而创业。因此，将因素F2命名为安全保障与子女发展动机。

因素F3共有3个项目：助力国家经济发展、促进社会发展、增加就业。因素F3是年长创业者出于社会责任感而产生的创业动机。因此，将因素F3命名为社会责任动机。

因素F4共有4个项目：把创业当作赢得公众认可的途径、通过创业获得更高的社会地位、通过创业积累更多的财富、证明自己有能力完成创业活动。项目内容显示，因素F4是年长创业者对社会认可、地位和金钱等外在目标的追求而产生的动机。因此，将因素F4命名为名利追求动机。

因素F5共有3个项目：自己掌握自己的职业命运，避免职业发展受到外在因素的限制；自己创业时间灵活并自由；自己做掌控者，可以独立决策，并拥有对企业的完全控制。根据项目的内容可以看出，因素F5是年长创业者出于自主和独立而产生的创业动机。因此，将因素F5命名为独立/自主动机。

（三）创业动机影响因素探索性因子分析过程与结果

对年长创业者创业动机影响因素量表进行KMO和巴特利特球形度检验，以判断题项是否可以进行因子分析，检验结果如表4-10所示。KMO系数为0.861，大于0.8，且巴特利特球形度检验卡方统计量不显著，表明该量表各题项适合进行因子分析。

表 4-10　年长创业者创业动机影响因素量表 KMO 和巴特利特球形度检验

KMO 取样适切性量数		0.861
巴特利特球形度检验	近似卡方	2 461.125
	自由度	231
	显著性	0.000

运用主成分—直交旋转—最大方差法对年长创业者创业动机影响因素量表进行探索性因子分析，抽取 7 个因子，解释总体变异的 73.815%（见表 4-11）。

表 4-11　年长创业者创业动机影响因素量表旋转成分矩阵

测量题项	因子						
	F1	F2	F3	F4	F5	F6	F7
PE3	0.863						
PE1	0.849						
PE2	0.842						
RM3		0.752					
RM1		0.734					
RM2		0.694					
AN3			0.803				
AN2			0.728				
AN1			0.642				
ER2			0.457				
ER4				0.837			
ER3				0.794			
ER1				0.718			
ESE1					0.802		
ESE3					0.774		
ESE2					0.746		
PF3						0.823	
PF1						0.719	
PF2	0.401					0.610	
PN2							0.847

续表

测量题项	因子						
	F1	F2	F3	F4	F5	F6	F7
PN1							0. 716
PN3							0. 618
特征值	7. 532	2. 671	1. 545	1. 383	1. 239	0. 983	0. 887
解释变异量（%）	34. 237	12. 141	7. 021	6. 285	5. 634	4. 466	4. 031
累计解释变异量（%）	34. 237	46. 378	53. 399	59. 684	65. 318	69. 784	73. 815

扎根理论分析中“我积累的人脉资源能够给我提供创业的帮助，如筹集资金、介绍客户或分享经验等，这对我的创业打算产生了很大正面影响”属于创业资源维度，而在探索性因子分析中归于成就需要，因而删除ER2“我积累的人脉资源能够给我提供创业的帮助，如筹集资金、介绍客户或分享经验等，这对我的创业打算产生了很大正面影响”，重新采用主成分—直交旋转—最大方差法进行分析，抽取出7个因子，解释总体变异的75. 717%。每个题项的因素载荷在0. 614—0. 863之间（见表4－12）。

表4－12　年长创业者创业动机影响因素量表探索性因子分析结果

测量题项	因子						
	F1	F2	F3	F4	F5	F6	F7
PE3	0. 863						
PE1	0. 855						
PE2	0. 844						
RM3		0. 760					
RM1		0. 743					
RM2		0. 700					
ER4			0. 838				
ER3			0. 795				
ER1			0. 719				
ESE1				0. 812			
ESE3				0. 785			
ESE2				0. 735			
AN3					0. 817		

续表

测量题项	因子						
	F1	F2	F3	F4	F5	F6	F7
AN2					0.759		
AN1					0.676		
PF3						0.841	
PF1						0.712	
PF2						0.614	
PN2							0.850
PN1							0.698
PN3							0.644
特征值	7.298	2.647	1.544	1.372	1.180	0.974	0.886
解释变异量（%）	34.754	12.605	7.350	6.534	5.619	4.637	4.219
累计解释变异量（%）	34.754	47.359	54.709	61.243	66.862	71.498	75.717

从探索性因子分析结果来看，年长创业者创业动机影响因素呈 7 因子结构。

因素 F1 共有 3 个项目：政府对创业非常重视，让我意识到创业前景会很好；政府出台的各项创业优惠措施对我的创业打算产生了很大的正面影响；政府新政策的出台带来创业机会。项目内容显示，因素 F1 是年长创业者出于政策环境影响而产生的创业动机。因此，将因素 F1 命名为政策环境。

因素 F2 共有 3 个项目：我所在地区成功创业者较多，这对我创业影响很大；我家族中成功创业者较多，这对我创业影响很大；我朋友同事中成功创业者较多，这对我创业影响很大。项目内容显示，因素 F2 体现了年长创业者创业动机的产生是源于周围环境中成功创业者的影响。因此，将因素 F2 命名为角色榜样。

因素 F3 共有 3 个项目：创业前，我已经具备了该行业所需要的技术、行业经验或管理经验；创业前，我在该行业已经积累了一定的客户资源；创业前，我积累了一定的资金。项目内容显示，因素 F3 反映的是年长创业者创业动机的产生源于创业前已经积累的资源。因此，将因素 F3 命名为创业资源。

因素 F4 共有 3 个项目：我相信自己具备的能力能够解决创业中遇到的问题；我看到一个很有前景的机会并相信自己可以实现它；我对行业发展方向大致可以看得准。因素 F4 反映的是年长创业者对自己创业能力的自信程度。因此，将因素 F4 命名为创业效能感。

因素 F5 共有 3 个项目：对我来说，不断接受新的挑战和面对新的事物是非常重要的；我总是试图不断提高和突破自己；创业可以为我带来工作所不能够给予的成就感。从项目内容来看，因素 F5 体现的是年长创业者对新的、具有挑战性的目标的渴望。因此，将因素 F5 命名为成就需要。

因素 F6 共有 3 个项目：对创业前工作不满意，如对收入/岗位调整不满意、遭遇职业瓶颈或职场排挤；缺乏有吸引力的就业选择，对我创业影响很大；职场中对年长员工的年龄歧视，对我创业影响很大。根据项目的内容可以看出，因素 F6 描述的是年长创业者由于职业生涯发展不顺利"被迫"产生创业动机的情形。因此，将因素 F6 命名为职涯发展受限。

因素 F7 共有 3 个项目：我希望自己在社会中能够拥有更高的社会地位；我喜欢领导和掌控的感觉；我希望对自己的工作拥有更多的控制权。项目内容显示，因素 F7 反映的是年长创业者希望影响他人和不受他人影响的愿望。因此，将因素 F7 命名为权力需要。

三、信效度分析

（一）创业动机量表信效度分析

量表的信度是指测量结果的内部一致性程度，代表问卷测量的可靠性和准确性。Cronbach（1951）提出运用内部一致性系数 Cronbach's Alpha 作为考查测量项目一致性程度和量表内部结构的指标。一般认为，Cronbach's Alpha 大于 0.7 时信度属于"相当好"。

年长创业者创业动机 19 个题项、5 个维度的 Cronbach's Alpha 都大于 0.7，修正后的项与总计相关性均大于 0.4，表明年长创业者创业动机各维度题项均具有较好的信度。

表 4-13　　　年长创业者创业动机量表信度分析结果

维度	测量题项	修正后的项与总计相关性	Cronbach's Alpha
安全保障与子女发展动机	FS1 为家庭提供经济保障	0.724	0.808
	FS2 通过创业为子女创造更好的发展平台或者为子女减轻压力	0.485	
	FS3 自己创业，不用担心被辞退，避免了失业可能	0.670	
	FS4 寻求未来生活保障	0.632	
名利追求动机	EMF1 把创业当作赢得公众认可的途径	0.679	0.842
	EMF2 通过创业获得更高的社会地位	0.756	
	EMF3 证明自己有能力完成创业活动	0.586	
	EMF4 通过创业积累更多的财富	0.704	
精神体验动机	EMM1 享受创业带来的乐趣或激情感受	0.682	0.856
	EMM3 享受创业带来的成就感	0.633	
	EMM4 实现创业想法	0.664	
	EMM5 通过创业实现自己的人生价值	0.692	
	EMM6 通过创业不断挑战自己	0.707	
独立/自主动机	IND1 自己创业时间灵活并自由	0.731	0.775
	IND2 自己掌握自己的职业命运，避免职业发展受到外在因素的限制	0.633	
	IND3 希望自己做掌控者，可以独立决策，并拥有对企业的完全控制	0.507	
社会责任动机	SR1 助力国家经济发展	0.811	0.894
	SR2 促进社会发展	0.796	
	SR3 增加就业	0.766	

接下来，本书将进行年长创业者创业动机量表的效度分析。Sekaran（2005）指出，构念效度的考察应当从收敛效度和判别效度两方面进行。平均方差萃取量（AVE）是计算潜变量对测量变量解释能力的平均，AVE越高，则表示维度有越高收敛效度。Fornell 和 Larcker（1981）建议 AVE 值应大于 0.5，0.36—0.5 为可接受“门槛”。由表 4-14 可以看出，各维度 Cronbach's Alpha 均大于 0.7，AVE 值均大于 0.5，表示量表具有较好的收敛效度；AVE 开根号值均大于与其他维度的相关系数，量表具有很好的区别效度。

表 4-14　　年长创业者创业动机量表效度分析结果

维度	收敛效度	区别效度				
	AVE	安全保障与子女发展动机	名利追求动机	精神体验动机	独立/自主动机	社会责任动机
安全保障与子女发展动机	0.567	**0.753**				
名望追求动机	0.594	0.411	**0.771**			
精神体验动机	0.538	0.476	0.243	**0.733**		
独立/自主动机	0.616	0.335	0.463	0.419	**0.785**	
社会责任动机	0.742	0.163	0.392	0.343	0.420	**0.861**

注：对角线粗体字数据为 AVE 之开根号值，下三角区域为维度之皮尔森相关。

（二）创业动机影响因素量表信效度分析

年长创业者创业动机影响因素量表权力需要维度 Cronbach's Alpha 为 0.693，大于 0.6，略小于 0.7，尚可接受，其他维度 Cronbach's Alpha 均大于 0.7，表明年长创业者创业动机影响因素各维度题项具有较好的信度（见表 4-15）。

表 4-15　　年长创业者创业动机影响因素量表信度分析结果

维度	测量题项	修正后的项与总计相关性	Cronbach's Alpha
创业资源	ER1 创业前，我积累了一定的资金	0.588	0.795
	ER3 创业前，我在该行业已经积累了一定的客户资源	0.718	
	ER4 创业前，我已经具备了该行业所需要的技术、行业经验或管理经验	0.615	
创业效能感	ESE1 我相信自己具备的能力能够解决创业中遇到的问题	0.612	0.747
	ESE2 我对行业发展方向大致可以看得准	0.567	
	ESE3 我看到一个很有前景的机会并相信自己可以实现它	0.541	
成就需要	AN1 创业可以为我带来工作所不能够给予的成就感	0.592	0.771
	AN2 我总是试图不断提高和突破自己	0.658	
	AN3 对我来说，不断接受新的挑战和面对新的事物是非常重要的	0.567	

续表

维度	测量题项	修正后的项与总计相关性	Cronbach's Alpha
权力需要	PN1 我喜欢领导和掌控的感觉	0.511	0.693
	PN2 我希望自己在社会中能够拥有更高的社会地位	0.617	
	PN3 我希望对自己的工作有更多的控制权	0.418	
角色榜样	RM1 我家族中成功创业者较多，这对我创业影响很大	0.738	0.880
	RM2 我朋友同事中成功创业者较多，这对我创业影响很大	0.758	
	RM3 我所在地区成功创业者较多，这对我创业影响很大	0.811	
政策环境	PE1 政府出台的各项创业优惠措施对我的创业打算产生很大正面影响	0.881	0.948
	PE2 政府新政策的出台带来创业机会	0.893	
	PE3 政府对创业非常重视，让我意识到创业前景会很好	0.901	
职涯发展受限	PF1 缺乏有吸引力的就业选择，对我创业影响很大	0.584	0.783
	PF2 职场中对年长员工的年龄歧视，对我创业影响很大	0.687	
	PF3 对创业前工作不满意，如对收入/岗位调整不满意、遭遇职业瓶颈或职场排挤	0.596	

接下来，本书将进行年长创业者创业动机影响因素量表的效度分析。通过表4-16可以看出，AVE值均大于0.5，表示量表具有较好的收敛效度；AVE开根号值均大于与其他维度的相关系数，量表具有很好的区别效度。

表4-16　　年长创业者创业动机影响因素量表效度分析结果

维度	收敛效度	区别效度						
	AVE	ER	ESE	AN	PN	PE	RM	PF
创业资源（ER）	0.617	**0.785**						
创业效能感（ESE）	0.605	0.271	**0.778**					
成就需要（AN）	0.567	0.343	0.342	**0.753**				
权力需要（PN）	0.541	0.185	0.321	0.370	**0.736**			
角色榜样（RM）	0.540	0.452	0.148	0.423	0.232	**0.735**		

续表

维度	收敛效度	区别效度						
	AVE	ER	ESE	AN	PN	PE	RM	PF
政策环境（PE）	0.729	0.434	0.232	0.396	0.306	0.638	**0.854**	
职涯发展受限（PF）	0.530	0.395	0.104	0.292	0.297	0.576	0.603	**0.728**

注：对角线粗体字数据为AVE之开根号值，下三角区域为维度之皮尔森相关。

四、验证性因子分析

（一）取样

本书问卷采用纸质问卷和网络问卷两种形式。纸质问卷主要发放区域为湖北武汉、河南郑州、山东滕州，共发放问卷76份，剔除有数据残缺问卷5份、企业成立时间超过8年的问卷13份，最终得到有效问卷58份。网络问卷通过问卷星网站发放，回收问卷164份，剔除填写时间不到2分钟的问卷3份、企业成立时间超过8年的问卷11份，最终得到有效问卷150份。网络样本分布在北京、广东、湖北、湖南、山东、河南、陕西、福建等24个省份。本书最终获得有效问卷208份。样本基本信息如表4－17所示。

表4－17　　验证性因子分析样本基本信息

变量	类别	频次	有效百分比（%）	累计百分比（%）
性别	男	142	68.3	68.3
	女	66	31.7	100.0
创业时年龄	40—44岁	77	37.0	37.0
	45—49岁	73	35.1	72.1
	50—59岁	35	16.8	88.9
	60岁及以上	23	11.1	100.0
文化程度	初中及以下	23	11.1	11.1
	高中/中专	36	17.3	28.4
	大专	36	17.3	45.7
	本科	79	38.0	83.7
	研究生	34	16.3	100.0

续表

变量	类别	频次	有效百分比（%）	累计百分比（%）
家境状况	差	23	11.1	11.1
	一般	125	60.1	71.2
	好	60	28.8	100.0
创业经历	有	40	19.2	19.2
	无	168	80.8	100.0
公司规模	9 人及以下	121	58.2	58.2
	10—49 人	54	26.0	84.1
	50—99 人	17	8.2	92.3
	100—299 人	8	3.8	96.2
	300 人及以上	8	3.8	100.0
企业成立年限	1 年以下	51	24.5	24.5
	1—3 年	74	35.6	60.1
	4—5 年	49	23.6	83.7
	6—8 年	34	16.3	100.0
所属行业	农林牧渔业	17	8.2	8.2
	建筑业	12	5.8	13.9
	制造业	29	13.9	27.9
	交通运输仓储和邮政业	10	4.8	32.7
	房地产业	5	2.4	35.1
	金融保险业	14	6.7	41.8
	住宿和餐饮业	19	9.1	51.0
	商务服务业	20	9.6	60.6
	批发和零售业	25	12.0	72.6
	居民服务和其他服务业	4	1.9	74.5
	科学研究和技术服务业	5	2.4	76.9
	教育业	18	8.7	85.6
	医疗卫生业	5	2.4	88.0
	文化体育和娱乐业	2	1.0	88.9
	其他	23	11.1	100.0

（二）创业动机验证性因子分析过程与结果

通过探索性因子分析，本书初步得出年长创业者创业动机的结构效度，需要进一步运用验证性因子分析检验该量表的适切性与真实性。

从验证性因子分析的结果看，年长创业者创业动机二阶因子模型拟合适配度指标拟合优度指数（GFI）和调整的拟合优度指数（AGFI）大于0.8、比较拟合指数（CFI）大于0.9、近似误差均方根（RMSEA）小于0.08、$x^2/df<5$，均达到可接受水平（见表4－18）。目标系数为0.932，目标系数越接近于1，代表二阶因子模型越具有代表性。因此，年长创业者创业动机二阶因子模型具有较好的代表性。年长创业者创业动机是由安全保障与子女发展动机、名利追求动机、独立/自主动机、精神体验动机和社会责任动机5个一阶因子构成的二阶因子结构。这为第三章中扎根理论分析得出的研究结论提供了佐证。图4－1为根据验证性因子分析结果绘制的结构方程模型。

表4－18　　年长创业者创业动机验证性因子分析拟合指标

创业动机验证因素模型	x^2值	自由度（df）	x^2/df	GFI	AGFI	CFI	RMSEA
虚无模型	2 143.237	171	12.534	0.311	0.234	0.000	0.236
一阶一因子	1 023.760	152	6.735	0.601	0.501	0.558	0.166
一阶五因子（因素间无相关）	529.711	152	3.485	0.777	0.721	0.808	0.110
一阶五因子（因素间有相关）	293.613	142	2.068	0.876	0.834	0.923	0.072
二阶因子模型	314.940	147	2.142	0.870	0.832	0.915	0.074

（三）创业动机影响因素验证性因子分析过程与结果

本书通过探索性因子分析已经初步得出年长创业者创业动机影响因素的结构效度。接下来，本书将运用验证性因子分析来检验该量表的适切性与真实性。

从验证性因子分析的结果来看，一阶七因子模型（因素间有相关）拟合适配度指标GFI和AGFI大于0.8、CFI大于0.9、RMSEA小于0.08、$x^2/df<5$，均达到可接受水平（见表4－19）。这表明基于扎根理论建构的年长创业者创业动机影响因素的理论模型与观测数据有很高的拟合度。图4－2为根据验证性因子分析结果绘制的结构方程模型。

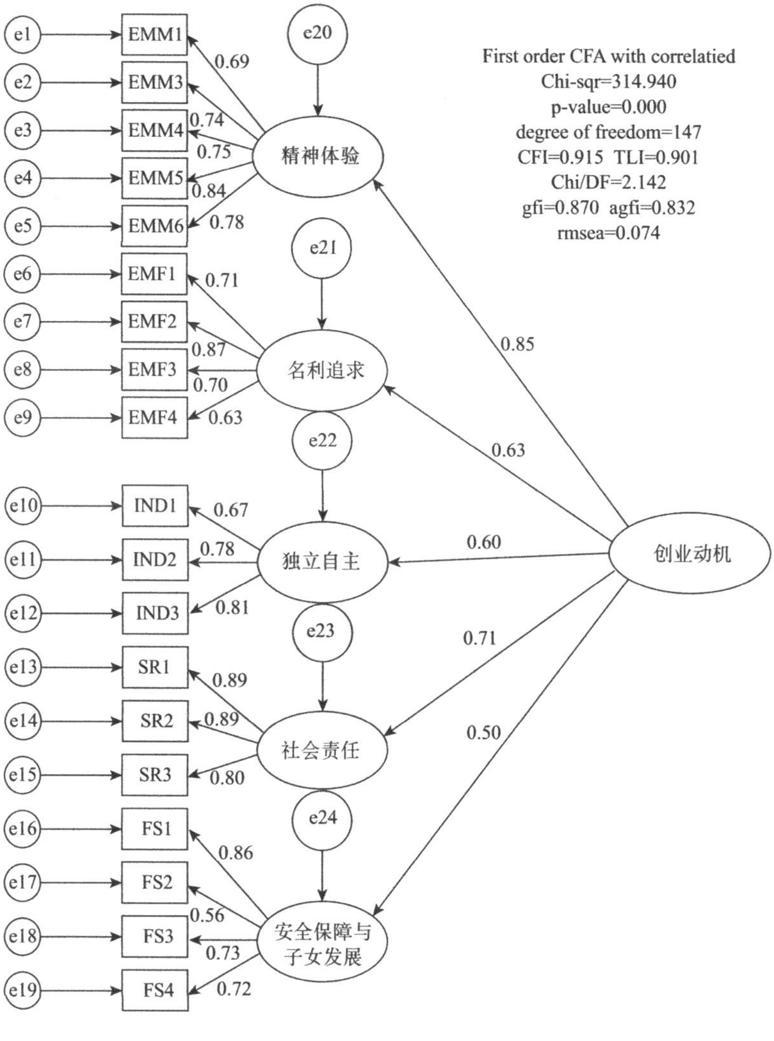

图4－1　年长创业者创业动机二阶五因子验证性因子分析结果

表4－19　年长创业者创业动机影响因素验证性因子分析拟合指标

创业动机影响因素一阶验证因素模型	x^2值	自由度（df）	x^2/df	GFI	AGFI	CFI	RMSEA
虚无模型	2 515. 842	210	11. 980	0. 291	0. 220	0. 000	0. 230
一阶一因子	1 150. 229	189	6. 086	0. 585	0. 493	0. 583	0. 157
一阶七因子（因素间无相关）	867. 857	189	4. 592	0. 670	0. 597	0. 706	0. 132

续表

创业动机影响因素一阶验证因素模型	x^2值	自由度（df）	x^2/df	GFI	AGFI	CFI	RMSEA
一阶七因子（因素间有相关）	348.308	168	2.073	0.865	0.814	0.922	0.072

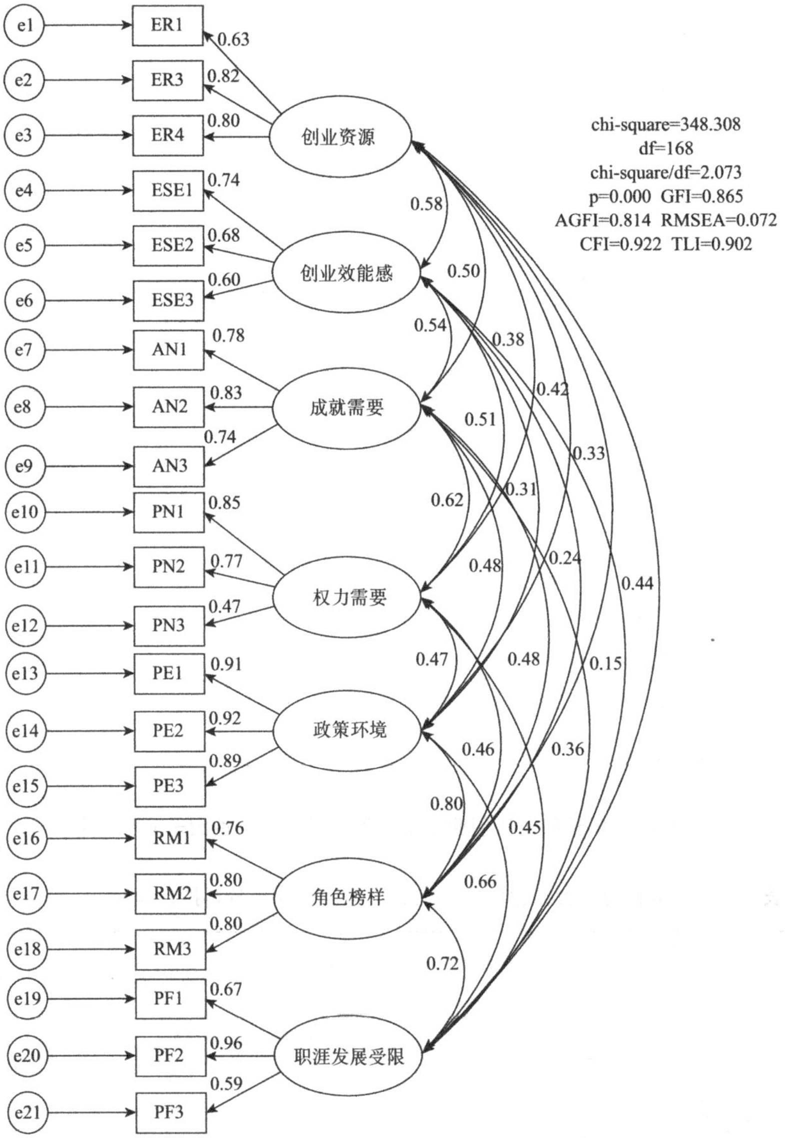

图 4-2 年长创业者创业动机影响因素一阶验证性因子分析结果

第二节　年长创业者创业动机影响因素假设检验

上文中严格遵循量表开发步骤，通过探索性因子分析构建了由19个题项构成的年长创业者创业动机量表和21个题项构成的年长创业者创业动机影响因素量表，并对量表进行了信效度检验，结果显示量表具有良好的信效度。然后，通过验证性因子分析证实年长创业者创业动机二阶模型具有很好的代表性，创业动机影响因素的一阶七因子构思最优，这为创业动机影响因素的假设检验奠定了良好的理论基石。

在第三章中，扎根理论分析结果表明，年长创业者在创业资源、创业效能感、成就需要、权力需要、角色榜样、政策环境以及职涯发展受限的影响下，产生安全保障与子女发展动机、名利追求动机、独立/自主动机、精神体验动机以及社会责任动机。影响因素不同，年长创业者创业动机不同。具体来说，年长创业者在创业资源、职涯发展受限、政策环境、角色榜样的影响下产生安全保障与子女发展动机；在职涯发展受限、权力需要、创业资源和创业效能感的影响下产生独立/自主动机；在创业资源、权力需要、成就需要的影响下产生名利追求动机；在成就需要、政策环境、创业效能感和职涯发展受限的影响下产生精神体验动机；在成就需要、创业资源和政策环境的影响下产生社会责任动机。接下来，本书将通过多元回归分析，验证创业资源、创业效能感、成就需要、权力需要、角色榜样、政策环境以及职涯发展受限对年长创业者创业动机及其各维度的影响作用。

一、研究假设

（一）创业资源与年长创业者创业动机

创业资源是年长创业者可以直接或间接支配的能够用于创业活动的资

源。王玉帅（2008）发现，个人直接或间接掌握的创业资源越多，创业动机越强烈。创业者积累的经验越多，其创业机会识别与开发过程越顺利（杨俊、薛红志和牛芳，2011）。对新手创业者来说，工作经验的积累更是一个十分关键的中介变量。当积累了一定的工作经验之后，个体会对自己是否有能力去创建一个新企业有一定的认知和评估，从而决定是否将创业意愿转化为创业行为，真正投入创业活动中去（包建华、方世建和刘强强，2013）。王竞一和张东生（2016）指出，在自己熟悉的行业中创业，企业的生存和经营相对要好得多。而在一个全新的领域创业，失败的风险特别高。但有时丰富的行业经验也会成为制约探索和开发利用新机会的“绊脚石”（买忆媛和辜雪娜，2011）。Johannisson（1990）指出，基于家庭、朋友之间的人际交往关系的社会资本可以为创业者提供商业信息。Djankov、Miguel、Qian 等（2006）研究发现，家庭网络对机会型和生存型创业者均具有积极影响，而且这种影响效应对机会型创业者来说要比对生存型创业者更加明显。创业者能够通过社会网络获得创业机会信息和资源（Hills，1997；Kim 和 Aldrich，2006；刘兴国、沈志渔和周小虎，2009）。对创业者来说，社会支持网络不仅是获得创业资源的重要渠道，也是保证其旺盛创业精神的重要变量（韦雪艳和段锦云，2011）。王西玉、崔传义和赵阳（2003）研究证实打工经历积累的资金、技术、信息和阅历等物质资本和人力资本影响创业行为。张明林、喻林和傅春（2009）指出，农民工外出务工过程中积累的社会资本、人力资本和经济资本为创业活动的发生提供了可能。孙红霞、郭霜飞和陈浩义（2013）探讨了创业资源对农民创业动机的影响。研究表明，创业资源各维度中，财务资源对农民创业动机的促进作用最大，财务资源和知识资源对农民机会型和生存型创业动机均有显著促进作用，而人力资源仅对农民机会型创业动机具有影响。

年长者在长时间的职业生涯中更可能积累大量的资源。例如，相较于年轻人，年长者积累了大量的社会资本和人力资本，这些能够帮助他们成功创建并管理一个企业（Baucus 和 Human，1994；Botham 和 Graves，2009）。相较于有管理背景的年长者，有技术背景的年长者更可能成为创业者，因为他们可以利用自己的技术优势促进企业的创建（Baucus 和 Human，1994）。相较于从事低收入、低技能职业的年长者，有过创业经历的年长者更可能从事创业活动（Fuchs，1982；Mazzarol、Volery、Doss 和 Thein，1999）。相较于接近退休年龄的年长者，或者已经退休的年长者，失业的年长者不太可能从事创业活动（Hart、Anyadike – Danes 和 Blackburn，2004）。Kautonen、Luoto 和 Tornikoski（2010）研究表明，有工业职业背景的年长者对创业的兴趣不高，但在公共部门的工作经历会影响创业动机。Debruin 和 Mclaren（2002）指出，创业者通常在职业生涯中积累有用的人脉网络。这些个人关系可以用来帮助识别市场、招揽顾客、获取咨询和筹集资金，往往有助于促进新创企业的创建过程（Birley，1985）。在访谈过程中，多位年长创业者谈到他们是在积累了一定的资金、客户资源或者人脉网络的基础上产生创业动机的，因此，提出如下假设：

H1：创业资源对年长创业者创业动机具有显著正向影响。

H1a：创业资源对年长创业者安全保障与子女发展动机具有显著正向影响。

H1b：创业资源对年长创业者名利追求动机具有显著正向影响。

H1c：创业资源对年长创业者独立/自主动机具有显著正向影响。

H1d：创业资源对年长创业者社会责任动机具有显著正向影响。

（二）创业效能感与年长创业者创业动机

自我效能感是个体对自身具备完成特定工作的能力的判断（Boyd 和 Vozikis，1994），由 Bandura 在 20 世纪 70 年代提出。Kickul 和 Kickul（2004）发现，自我效能感对创业的兴趣与动机具有显著正向影响。段锦云、王朋和朱月龙（2012）指出“大五”人格特质和自我效能感显著影响创业动机。

创业效能感是个体对自己是否有能力成功扮演创业者角色和完成创业任务的自信程度（Chen、Greene 和 Crick，1998）。王玉帅（2008）证实创业效能感对创业动机有显著影响，当个体创业效能感增强时，创业动机会相应强化。孙红霞、郭霜飞和陈浩义（2013）研究表明，创业效能感各维度中，机会识别效能感、组织承诺效能感和管理控制效能感对农民生存型和机会型创业动机均有显著正向影响，而风险承担效能感仅对农民机会型创业动机强度有显著影响。此外，有研究证实创业效能感对创业意向具有很好的预测效力（Krueger 和 Brazeal，1994；Forbes，2005；Wilson、Kickul 和 Marlino，2007），而创业动机在创业效能感和创业意向之间起显著的中介作用，例如，史容、傅利平和殷红春等（2016）研究发现，创业效能感对创业意向具有显著正向影响，而创业动机在创业效能感和创业意向之间起中介作用。

创业效能感是年长创业者对自己能否完成创业活动的自信程度。高创业效能感的年长创业者认为自己已经具备创业所需要的能力，能够解决创业过程中遇到的问题，因而更可能产生创业动机。在访谈过程中，大多数年长创业者认为自己已经具备的能力能够解决创业过程中遇到的问题，或者对行业发展方向大致看得准，或者看到一个很有前景的机会并相信自己可以实现它。例如，“公司在挑业务，你比如说有零租的，有月租的，有个人和企业客户，后来又有金融、分期，公司可能就下一个制度，没有工作的、半年以内的客户，可能就不要了，我是觉得这一块的客户才是会产生长期客户的一个基础，我不想丢失这一块客户，事实上这是一个利润源”，正是基于这些认知，他们产生了创业的动机。综上所述，提出如下假设：

H2：创业效能感对年长创业者创业动机具有显著正向影响。

H2a：创业效能感对年长创业者独立/自主动机具有显著正向影响。

H2b：创业效能感对年长创业者精神体验动机具有显著正向影响。

（三）成就需要与年长创业者创业动机

成就需要的概念形成于 20 世纪 50 年代（McClelland、Clark、Roby 等，1958），即达到标准、追求卓越、争取成功的需要（Davidsson，1995）。成就需要对创业者行为具有较好的解释力（McClelland，1987）。McClelland（1962）指出，成就需要能够预测一个人是否会将创业作为其职业选择，高成就需要的人认为创业能够带来其他岗位所不能给予的成就满足。

成就需要对个体的创业决定起着重要作用（陈丹和王文科，2012）。一方面，高成就需要的个体更愿意面对创业过程中的挑战（Espíritu – Olmos 和 Sastre – Castillo，2015）；另一方面，个体成就需要越高，越容易产生创业想法（Mueller 和 Thomas，2000）。林嵩、刘青和李培馨（2016）研究证实，成就需要对农民的创业倾向具有显著正向影响。Solymossy（1997）通过实证研究，提出创业动机受到工作满意度、社会地位、经济需要、权力、健康、成就、独立、机会和职业稳定性 9 种因素的影响。Taormina 和 Kin – Mei Lao（2007）研究发现，成就动机、社会交往、乐观态度等个体因素和商务环境因素对创业动机具有显著影响。简丹丹、段锦云和朱月龙（2010）研究表明，创业者具有更高的冒险倾向、成就需要、责任意识、情绪稳定性、经验开放性和更低的宜人性。在总结已有创业人格特质研究后，李海垒、宫燕明和张文新（2012）指出，创业人格变量包括成就需要、自主性、自我效能感、控制点、冒险性、创新性以及“大五”人格等。在员工离职创业研究中，王端旭和叶庆燕（2016）发现，只有那些愿意承担风险，具有较高成就需要的员工才可能成为创业者，而并不是所有发现机会的员工都能成为创业者。

40 岁以后，个体充斥着沉甸甸的责任，要扮演各种艰难的角色（戴安娜、萨莉和露丝，2013），但绝大多数个体都能够应付上述责任和角色（Lachman，2001、2004）。他们开始关注内在的精神自我，并重新评估自己的目标和抱负（Lachman，2004），有的个体开始追求全新的、更具挑战性的目标（戴安娜、萨莉和露丝，2013）。在编码过程中，多位年长创业者提到“不愿按部就班的生活”“不满于现状”“打工这么多年，如果我的高层是那种维持现状，也可以啦，我就做着做着就不舒服了”，从而产生自己创业的想法。因此，提出如下假设：

H3：成就需要对年长创业者创业动机具有显著正向影响。

H3a：成就需要对年长创业者名利追求动机具有显著正向影响。

H3b：成就需要对年长创业者精神体验动机具有显著正向影响。

H3c：成就需要对年长创业者社会责任动机具有显著正向影响。

（四）权力需要与年长创业者创业动机

权力需要，也称权力动机或权力欲望，是在某些方面取得一定支配地位的需要，是影响或控制他人的一种驱动力或者获得社会地位的一种愿望（Chan 和 Drasgow，2001）。French 和 Raven（1959）指出，权力需要是人们改变行为目标的行为、动机、态度、信念、情绪或者价值观的期望。陈勋教和徐国平（2006）认为，权力需要是人们对权力的渴望与追求。中国传统文化中有着强烈的权力文化色彩和集体主义氛围，受这种文化的影响，人们一方面希望自己可以去影响他人，另一方面又希望自己不受他人影响。基于此，樊耘、阎亮和季峰（2010）提出权力需要有内在和外在之分。内在权力需要是个体希望去控制他人而主动去掌握资源，而外在权力需要是个体为避免受他人控制而不得不去掌握更多的资源。

Peterson 和 Stewart（1993）研究发现，权力需要对创新性行为具有很好的预测力。Hofer、Busch、Chasiotis 等（2008）的研究也证实了上述观点。Mast、Hall 和 Schmid（2010）指出，权力需要水平较高的个体，工作更加努力。Zhang、Fan 和 Zhang（2015）进一步指出，高权力需要的个体会表现出更多的创新性行为。Solymossy（1997）研究表明，创业动机除受到工作满意度、社会地位、经济需要、健康、成就、独立、机会和职业稳定性的影响之外，还受到权力需要的影响。

高权力需要的个体喜欢影响和支配他人，喜欢对别人发号施令，注重争取更高的地位和影响力。在访谈者中，多位年长创业者提到之所以产生自己创业的动机是为了能够在工作中有更大的自由和自主权，或者为了获得更高的社会地位，例如，有的年长创业者在谈到自己如何产生创业动机时提到，“因为给别人打工还是做得有点憋屈的，因为40多岁的人有自己的经营理念”，“再大的企业家，他也是为了他的面子。做得好的话，那也是一种光宗耀祖的事情”，这表明权力需要对年长创业者产生创业动机起到了很大的促进作用。综上所述，提出如下假设：

H4：权力需要对年长创业者创业动机具有显著正向影响。

H4a：权力需要对年长创业者独立/自主动机具有显著正向影响。

H4b：权力需要对年长创业者名利追求动机具有显著正向影响。

（五）角色榜样与年长创业者创业动机

Suzuki、Kim 和 Bae（2002）认为，创业动机的产生是个体因素和环境因素共同作用的结果。个体的行为倾向往往比较容易受到周围人的行为的影响，从而产生跟随效应——羊群效应（王玉帅，2008）。Djankov、

Miguel 和 Qian（2005）指出，创业失败的社会烙印和创业角色榜样对创业动机的产生具有显著的促进作用，其中，创业角色榜样对创业动机的积极影响更强烈。Mueller（2006）研究发现，角色榜样通过提供合法性和鼓励、提高自我效能感以及榜样学习和支持学习等增强个体成为企业家的渴望。能够对个体创业决策产生重要影响作用的角色榜样通常有 3 种：一是父母的榜样作用，即父母如果自主创业的话，子女创业的可能性比较高（Chlosta，2012）；二是网络与同群效应，即曾经或现在的老板、同事、朋友从事创业活动会对个体的创业决策产生影响（Falck、Heblich 和 Luedemann，2012）；三是所处区域中成功企业家的影响，如果所处区域创业活动比较活跃，则个体获取信息和资源会相对容易得多，从而更容易做出创业决策（Sternberg，2009）。此外，由于角色榜样已发现的商业机会和用以开发特定机会的技术和市场信息已经取得良好的经营成果，因而，角色榜样对于个体识别创业机会也有很大帮助（Fornahl，2003）。而创业机会的存在是员工离职创业的重要推动因素（Agarwal、Audretsch 和 Sarkar，2007）。

年长创业者相对稳重、冷静和理智，行为相应地不太容易受到周围人的影响。但是，从对年长创业者的编码结果来看，有一部分创业者之所以产生创业动机是因为受到了家族、朋友同事和所在地区成功创业者的影响。他们好的创业成果激发了年长创业者的创业动机。例如，“我们那个时候已经错过了最好的时期了，2002 年、2003 年出来的那一拨人已经都非常发达了，我们就错过了那个时候”“我们这边几乎家家都搞种植……其实这个也是受到相互的影响，一家种植收益好了，其他的看到了也都开始搞种植”。因此，提出如下假设：

H5：角色榜样对年长创业者创业动机具有显著正向影响。

H5a：角色榜样对年长创业者安全保障与子女发展动机具有显著正向影响。

（六）政策环境与年长创业者创业动机

政策环境是指政府为了实现特定目的而实施的一系列制度的集合。这些制度有的是为了鼓励创业而实施的。例如，对于高科技创业企业给予诸如资金支持、土地支持、税收减免、财政补贴等；而有些制度是为了服务整个经济的运转，如发展资本市场、金融企业市场化改革、环保政策、社保体系的完善政策和医药体制改革等，它们并不会对创业产生直接影响，但是却会通过连锁反应影响创业活动。政策变化往往意味着商业机会的存在，个体捕捉到商业机会会使他们产生创业决策。另外，好的政策环境，如公司注册简单便捷、税收优惠和土地优惠等，能够减少创业者的时间成本，并降低物资损耗（王玉帅，2008）。Gohmann（2012）探讨了国家经济政策对创业活动的影响。Taormina 和 Lao（2007）指出商务环境对创业动机具有显著的影响。

政策环境也是影响年长创业者产生创业动机的因素之一。该范畴包括新政策出台带来创业机会、政府创业优惠政策、政府重视创业从而创业前景会好 3 个概念。新政策出台往往意味着商业机会的存在，一部分眼光敏锐的年长创业者识别到这种机会，从而萌发创业动机。另外，国家制定的一些优惠政策，如税收优惠等，会直接或间接促使年长创业者产生创业动机。政府重视创业，创业前景肯定不错，也对激发年长创业者的创业动机有一定影响。综上所述，提出如下假设：

H6：政策环境对年长创业者创业动机具有显著正向影响。

H6a：政策环境对年长创业者安全保障与子女发展动机具有显著正向影响。

H6b：政策环境对年长创业者精神体验动机具有显著正向影响。

H6c：政策环境对年长创业者社会责任动机具有显著正向影响。

（七）职涯发展受限与年长创业者创业动机

学者们在对创业动机进行分类时通常将其分为“拉”与“推”（Amit 和 Muller，1995）。“拉”是指创业者主动去寻找和发现新的创业机会，是一种主动行为；“推”是指创业者没有更好的职业选择，迫不得已而创业（李嘉、杨忠、张骁等，2011）。晋升机会是影响员工去留的一个非常重要的因素。当员工意识到自己在组织内很难有晋升可能时，即使员工对组织已经产生了一定的感情，对其现在从事的工作也比较满意，但他们仍然极有可能离开组织去谋求更好的发展（谢宝国和龙立荣，2008）。对个人来说，晋升是工作成果得到组织认同的表现，也是满足其人生需求的方式。Kim、Price、Mueller等（1996）研究表明，晋升能够显著提高员工工作满意度。当员工得到晋升后，员工会增加自己对组织的付出，对组织更加忠诚并愿意继续待在组织中。王竞一和张东生（2016）通过案例研究发现，为谋求更好的发展机会，一部分处于职业发展瓶颈期的员工会产生离职创业想法。职场排斥对离职倾向具有显著正向影响（尹奎和刘永仁，2013），而相当一部分员工在离职后会选择自主创业。王端旭和叶庆燕（2016）指出，知识经济时代，在全球高新技术迅猛发展和经济全球化浪潮猛烈冲击下，员工离职创业已经成为一种比较普遍的现象。

Zissimopoulos和Karoly（2007）指出，由于拉动因素和推动因素，未来年长创业者数量很可能增加。其中，拉动因素是指将有越来越多具有经验、专门技能和财务手段的退休者希望保持经济活跃；推动因素则是指年长员工被传统劳动力市场因素推出，例如，招聘、晋升和培训的年龄歧视，以及缺乏有吸引力的就业选择（Porcellato、Carmichael、Hulme等，2010）。在访谈中，不少年长创业者表示，之所以产生创业想法是因为在原单位受到年龄歧视，或者找不到更有吸引力的工作，还有年长创业者表示，在原单位受到排挤，或者在原单位升迁停滞，从而产生自己创业的想法。

综上所述，提出如下假设：

H7：职涯发展受限对年长创业者创业动机具有显著正向影响。

H7a：职涯发展受限对年长创业者安全保障与子女发展动机具有显著正向影响。

H7b：职涯发展受限对年长创业者独立/自主动机具有显著正向影响。

H7c：职涯发展受限对年长创业者精神体验动机具有显著正向影响。

（八）控制变量

以往研究中，创业者的性别、年龄、文化程度、家境状况、创业经历与创业动机存在一定的相关关系（Curran和Blackburn，2001；Singh和De-Noble，2003；Demartino和Barbato，2003；王玉帅，2008；蔡莉、赵镝和朱秀梅，2005），因而本书将其作为控制变量，以减少这些因素对研究结果的影响，确保研究结果准确可靠。

二、主要变量的相关分析结果

表4-20列出了各变量的均值、标准差以及相关系数。统计结果显示，创业资源、成就需要、角色榜样、政策环境和职涯发展受限与创业动机及其各子维度——安全保障与子女发展动机、名利追求动机、独立/自主动机、精神体验动机和社会责任动机均呈显著正相关；创业效能感和权力需要与创业动机及名利追求动机、独立/自主动机、精神体验动机和社会责任动机4个子维度呈显著正相关，与安全保障与子女发展动机相关不显著。总体来讲，各变量适合做进一步的回归检验。

三、各因素与年长创业者创业动机之间关系的检验

为探讨各因素对年长创业者创业动机的影响作用，本部分将年长创业者创业动机作为因变量，创业资源、创业效能感、成就需要、权力需要、角色榜样、政策环境以及职涯发展受限作为自变量，并将性别、年龄、文化程度、家境状况和创业经历作为控制变量，进行多元回归分析。控制变量为类别变量，在进入回归方程之前应当先对其进行虚拟化设置。在性别上，将女性作为参照组；在年龄上，将60岁以及上创业者作为参照组；文化程度分为初中及以下、高中/中专、大专、本科和研究生5个水平，将初中及以下、高中/中专视作非高等学历，大专、本科和研究生3个水平视作高等学历，非高等学历作为参照组；家境状况分为差、一般和好3个水平，将家境一般和差的创业者作为参照组，将没有创业经历的创业者作为参照组。具体回归分析结果如表4-21所示。模型1代表的是控制变量对年长创业者创业动机的影响。模型2在模型1的基础上加入了自变量创业资源、创业效能感、成就需要、权力需要、角色榜样、政策环境以及职涯发展受限，ΔR^2为0.481，回归模型拟合很好。成就需要、政策环境和职涯发展受限回归系数分别为0.303、0.305和0.214，p值小于0.05，表明成就需要、政策环境和职涯发展受限对年长创业者创业动机具有显著的正向影响，假设H3、H6和H7得到验证。

表 4 – 20　各变量的相关分析结果

	均值	标准差	1	2	3	4	5	6	7	8	9	10	11	12	13
1. 创业资源（1）	3.489	0.759	1												
2. 创业效能感（2）	3.486	0.658	0.452**	1											
3. 成就需要（3）	3.688	0.698	0.421**	0.426**	1										
4. 权力需要（4）	3.348	0.736	0.304**	0.372**	0.519**	1									
5. 角色榜样（5）	2.909	0.909	0.298**	0.206**	0.388**	0.286**	1								
6. 政策环境（6）	3.030	1.047	0.383**	0.266**	0.416**	0.337**	0.702**	1							
7. 职涯发展受限（7）	3.018	0.999	0.400**	0.161*	0.283**	0.350**	0.534**	0.538**	1						
8. 安全保障与子女发展动机（8）	3.678	0.814	0.149*	0.090	0.154*	0.074	0.483**	0.406**	0.401**	1					
9. 名利追求动机（9）	3.428	0.791	0.198**	0.275**	0.312**	0.198**	0.296**	0.302**	0.279**	0.509**	1				
10. 独立/自主动机（10）	3.566	0.884	0.467**	0.253**	0.366**	0.370**	0.353**	0.409**	0.564**	0.307**	0.300**	1			
11. 精神体验动机（11）	3.663	0.750	0.302**	0.356**	0.639**	0.379**	0.462**	0.537**	0.397**	0.348**	0.436**	0.422**	1		
12. 社会责任动机（12）	3.322	0.894	0.340**	0.277**	0.494**	0.266**	0.382**	0.592**	0.312**	0.278**	0.332**	0.364**	0.568**	1	
13. 创业动机（13）	3.531	0.589	0.415**	0.350**	0.549**	0.362**	0.553**	0.633**	0.551**	0.679**	0.712**	0.684**	0.767**	0.724**	1

注：** 表示在 0.01 级别（双尾），相关性显著；* 表示在 0.05 级别（双尾），相关性显著。

表 4－21　各因素对年长创业者创业动机影响的回归分析结果

变量		因变量：年长创业者创业动机			
		模型 1		模型 2	
		β	Sig.	β	Sig.
控制变量	性别（男）	0.014	0.833	0.020	0.681
	年龄（40—44 岁）	0.392	0.001	0.086	0.305
	年龄（45—49 岁）	0.475	0.000	0.174	0.035
	年龄（50—59 岁）	0.144	0.149	0.065	0.358
	文化程度（高等学历）	0.039	0.592	－0.038	0.476
	家境状况（好）	0.047	0.517	－0.082	0.117
	创业经历（是）	0.039	0.575	0.001	0.984
自变量	创业资源			0.049	0.422
	创业效能感			0.063	0.277
	成就需要			0.303	0.000
	权力需要			－0.006	0.923
	角色榜样			0.069	0.331
	政策环境			0.305	0.000
	职涯发展受限			0.214	0.001
R^2		0.106		0.587	
ΔR^2				0.481	
F 值		3.399***		19.557***	

注：*** 表示显著水平 $p<0.001$。

四、各因素与年长创业者创业动机维度之间关系的检验

（一）各因素与安全保障与子女发展动机之间关系的检验

为了检验创业资源、角色榜样、政策环境以及职涯发展受限对安全保障与子女发展动机的影响作用，本部分将安全保障与子女发展动机作为因变量，创业资源、角色榜样、政策环境以及职涯发展受限作为自变量，进行多元回归分析，结果如表 4－22 所示。模型 1 代表的是控制变量对安全保障与子女发展动机的影响。模型 2 在模型 1 的基础上加入了自变量创业

资源、角色榜样、政策环境以及职涯发展受限，ΔR^2为0.243，回归模型拟合较好。角色榜样和职涯发展受限回归系数分别为0.314和0.188，p值小于0.05，表明角色榜样和职涯发展受限对安全保障与子女发展动机具有显著的正向影响，假设H5a和H7a得到验证。

表4-22　各因素对安全保障与子女发展动机影响的回归分析结果

变量		因变量：安全保障与子女发展动机			
		模型1		模型2	
		β	Sig.	β	Sig.
控制变量	性别（男）	-0.107	0.115	-0.082	0.168
	年龄（40—44岁）	0.099	0.394	-0.113	0.281
	年龄（45—49岁）	0.284	0.013	0.073	0.476
	年龄（50—59岁）	0.014	0.889	-0.090	0.306
	文化程度（高等学历）	-0.162	0.027	-0.144	0.027
	家境状况（好）	-0.021	0.771	-0.088	0.173
	创业经历（是）	0.026	0.707	-0.002	0.976
自变量	创业资源			0.007	0.918
	角色榜样			0.314	0.000
	政策环境			0.087	0.320
	职涯发展受限			0.188	0.014
R^2		0.098		0.341	
ΔR^2				0.243	
F值		3.110***		9.200***	

注：***表示显著水平$p<0.001$。

（二）各因素与名利追求动机之间关系的检验

为了检验创业资源、成就需要和权力需要对名利追求动机的影响作用，本部分将名利追求动机作为因变量，创业资源、成就需要和权力需要作为自变量，进行多元回归分析，结果如表4-23所示。模型1代表的是控制变量对名利追求动机的影响。模型2在模型1的基础上加入了自变量创业资源、成就需要和权力需要，ΔR^2为0.107，回归模型拟合较好。成就需要回归系数为0.272，p值小于0.05，表明成就需要对名利追求动机具有显著的正向影响，假设 H3a 得到验证。

表 4 - 23　　各因素对名利追求动机影响的回归分析结果

变量		因变量：名利追求动机			
		模型 1		模型 2	
		β	Sig.	β	Sig.
控制变量	性别（男）	0.087	0.187	0.087	0.163
	年龄（40—44 岁）	0.436	0.000	0.327	0.003
	年龄（45—49 岁）	0.509	0.000	0.410	0.000
	年龄（50—59 岁）	0.208	0.032	0.198	0.031
	文化程度（高等学历）	-0.137	0.054	-0.229	0.001
	家境状况（好）	0.004	0.959	-0.068	0.326
	创业经历（是）	0.121	0.076	0.089	0.168
自变量	创业资源			0.084	0.241
	成就需要			0.272	0.001
	权力需要			0.077	0.302
R^2		0.154		0.261	
ΔR^2				0.107	
F 值		5.195***		6.962***	

注：*** 表示显著水平 $p<0.001$。

（三）各因素与独立/自主动机之间关系的检验

为了检验创业资源、创业效能感、权力需要以及职涯发展受限对独立/自主动机的影响作用，本部分将独立/自主动机作为因变量，创业资源、创业效能感、权力需要以及职涯发展受限作为自变量，进行多元回归分析，结果如表 4 - 24 所示。模型 1 代表的是控制变量对独立/自主动机的影响。模型 2 在模型 1 的基础上加入了自变量创业资源、创业效能感、权力需要以及职涯发展受限，ΔR^2 为 0.347，回归模型拟合较好。创业资源、权力需要和职涯发展受限回归系数分别为 0.276、0.204 和 0.359，p 值小于 0.05，表明创业资源、权力需要和职涯发展受限对独立/自主动机具有显著的正向影响，假设 H1c、H4a 和 H7b 得到验证。其中，职涯发展受限对独立/自主动机的影响最为显著。

表 4－24　　各因素对独立/自主动机影响的回归分析结果

变量		因变量：独立/自主动机			
		模型 1		模型 2	
		β	Sig.	β	Sig.
控制变量	性别（男）	0.079	0.241	0.050	0.354
	年龄（40—44 岁）	0.454	0.000	0.177	0.061
	年龄（45—49 岁）	0.441	0.000	0.158	0.089
	年龄（50—59 岁）	0.245	0.014	0.130	0.100
	文化程度（高等学历）	0.102	0.156	0.025	0.676
	家境状况（好）	－0.043	0.554	－0.190	0.001
	创业经历（是）	－0.075	0.276	－0.086	0.120
自变量	创业资源			0.276	0.000
	创业效能感			－0.003	0.961
	权力需要			0.204	0.001
	职涯发展受限			0.359	0.000
R^2		0.120		0.467	
ΔR^2				0.347	
F 值		3.897***		15.594***	

注：*** 表示显著水平 $p<0.001$。

（四）各因素与精神体验动机之间关系的检验

为了检验创业效能感、成就需要、政策环境以及职涯发展受限对精神体验动机的影响作用，本部分将精神体验动机作为因变量，创业效能感、成就需要、政策环境以及职涯发展受限作为自变量，进行多元回归分析，结果如表 4－25 所示。模型 1 代表的是控制变量对精神体验动机的影响。模型 2 在模型 1 的基础上加入了自变量创业效能感、成就需要、政策环境以及职涯发展受限，ΔR^2 为 0.405，回归模型拟合较好。成就需要和政策环境的回归系数分别为 0.453 和 0.283，p 值小于 0.05，表明成就需要和政策环境对精神体验动机具有显著的正向影响，假设 H3b、H6b 得到验证。其中，成就需要对精神体验动机的影响更为显著。

表 4-25　　各因素对精神体验动机影响的回归分析结果

变量		因变量：精神体验动机			
		模型 1		模型 2	
		β	Sig.	β	Sig.
控制变量	性别（男）	0.052	0.441	0.063	0.212
	年龄（40—44 岁）	0.369	0.001	0.133	0.133
	年龄（45—49 岁）	0.397	0.000	0.173	0.047
	年龄（50—59 岁）	0.152	0.122	0.124	0.096
	文化程度（高等学历）	0.176	0.015	0.068	0.218
	家境状况（好）	0.115	0.111	0.003	0.953
	创业经历（是）	0.038	0.578	-0.008	0.878
自变量	创业效能感			0.042	0.454
	成就需要			0.453	0.000
	政策环境			0.283	0.000
	职涯发展受限			0.077	0.202
R^2		0.123		0.528	
ΔR^2				0.405	
F 值		4.025***		19.938***	

注：*** 表示显著水平 $p<0.001$。

（五）各因素与社会责任动机之间关系的检验

为了检验创业资源、成就需要和政策环境对社会责任动机的影响作用，本部分将社会责任动机作为因变量，创业资源、成就需要和政策环境作为自变量，进行多元回归分析，结果如表 4-26 所示。模型 1 代表的是控制变量对社会责任动机的影响。模型 2 在模型 1 的基础上加入了自变量创业资源、成就需要和政策环境，ΔR^2 为 0.376，回归模型拟合较好。成就需要和政策环境的回归系数分别为 0.268 和 0.470，p 值小于 0.05，表明成就需要和政策环境对社会责任动机具有显著的正向影响，假设 H3c 和 H6c 得到验证。其中，政策环境对社会责任动机的影响最为显著。

表 4-26 各因素对社会责任动机影响的回归分析结果

变量		因变量：社会责任动机			
		模型 1		模型 2	
		β	Sig.	β	Sig.
控制变量	性别（男）	-0.053	0.439	-0.024	0.661
	年龄（40—44 岁）	0.055	0.641	-0.161	0.090
	年龄（45—49 岁）	0.087	0.450	-0.113	0.222
	年龄（50—59 岁）	-0.094	0.353	-0.117	0.141
	文化程度（高等学历）	0.148	0.048	0.078	0.197
	家境状况（好）	0.117	0.116	0.009	0.875
	创业经历（是）	0.040	0.570	0.004	0.945
自变量	创业资源			0.038	0.547
	成就需要			0.268	0.000
	政策环境			0.470	0.000
R^2		0.066		0.442	
ΔR^2				0.376	
F 值		2.025***		15.616***	

注：*** 表示显著水平 $p<0.001$。

五、假设检验结论与讨论

为探讨创业资源、创业效能感、成就需要、权力需要、角色榜样、政策环境以及职涯发展受限对年长创业者创业动机及其维度的影响作用，本章共提出 25 个研究假设，并利用调查问卷收集数据进行实证检验。检验结果如表 4-27 所示。

表 4-27 研究假设结果汇总

序号	编号	研究假设	检验结果
1	H1	创业资源对年长创业者创业动机具有显著正向影响	不成立
2	H1a	创业资源对年长创业者安全保障与子女发展动机具有显著正向影响	不成立
3	H1b	创业资源对年长创业者名利追求动机具有显著正向影响	不成立

续表

序号	编号	研究假设	检验结果
4	H1c	创业资源对年长创业者独立/自主动机具有显著正向影响	成立
5	H1d	创业资源对年长创业者社会责任动机具有显著正向影响	不成立
6	H2	创业效能感对年长创业者创业动机具有显著正向影响	不成立
7	H2a	创业效能感对年长创业者独立/自主动机具有显著正向影响	不成立
8	H2b	创业效能感对年长创业者精神体验动机具有显著正向影响	不成立
9	H3	成就需要对年长创业者创业动机具有显著正向影响	成立
10	H3a	成就需要对年长创业者名利追求动机具有显著正向影响	成立
11	H3b	成就需要对年长创业者精神体验动机具有显著正向影响	成立
12	H3c	成就需要对年长创业者社会责任动机具有显著正向影响	成立
13	H4	权力需要对年长创业者创业动机具有显著正向影响	不成立
14	H4a	权力需要对年长创业者独立/自主动机具有显著正向影响	成立
15	H4b	权力需要对年长创业者名利追求动机具有显著正向影响	不成立
16	H5	角色榜样对年长创业者创业动机具有显著正向影响	不成立
17	H5a	角色榜样对年长创业者安全保障与子女发展动机具有显著正向影响	成立
18	H6	政策环境对年长创业者创业动机具有显著正向影响	成立
19	H6a	政策环境对年长创业者安全保障与子女发展动机具有显著正向影响	不成立
20	H6b	政策环境对年长创业者精神体验动机具有显著正向影响	成立
21	H6c	政策环境对年长创业者社会责任动机具有显著正向影响	成立
22	H7	职涯发展受限对年长创业者创业动机具有显著正向影响	成立
23	H7a	职涯发展受限对年长创业者安全保障与子女发展动机具有显著正向影响	成立
24	H7b	职涯发展受限对年长创业者独立/自主动机具有显著正向影响	成立
25	H7c	职涯发展受限对年长创业者精神体验动机具有显著正向影响	不成立

（一）创业资源对独立/自主动机的影响

通过对创业资源与年长创业者创业动机之间的关系进行假设检验发现，创业资源对年长创业者创业动机的影响不显著。但是，具体到创业动机各子维度，创业资源对年长创业者独立/自主动机具有显著正向影响。这支持了扎根理论所得出的研究结论。年长创业者在多年职业生涯中会积累大量的创业资源，这些资源会激发年长创业者的独立/自主动机。

（二）创业效能感对年长创业者创业动机的影响

对创业效能感与年长创业者创业动机关系的假设进行检验，结果发现创业效能感对年长创业者创业动机的影响并不显著。可能的解释是，40 岁以后，个体的工作和家庭都已经趋于稳定，在这个年龄段选择创业往往是因为内在的某种需求或者外在偶然因素，相较于这些因素，创业效能感的影响要小得多。而且，处在这个年龄段的个体虽然可能大多已体验到了成功感和掌控感，但也意识到各种局限，这种局限会“腐蚀”年长创业者的创业效能感，或者使得年长创业者即使具有创业效能感，这种效能感也不会对创业动机产生重要影响。

（三）成就需要对名利追求动机、精神体验动机和社会责任动机的影响

通过对成就需要与年长创业者创业动机之间的关系进行假设检验发现，成就需要对年长创业者创业动机具有显著正向影响。具体而言，成就需要对年长创业者名利追求动机、精神体验动机和社会责任动机具有显著影响。McClelland（1989）指出，当个体希望自己的人生能够取得较高成就时，创业将成为一种相当具有吸引力的职业生涯选择。因为，创业能够为个体带来的心理和物质满足感是其他选择所无法提供的。

（四）权力需要对独立/自主动机的影响

本书对权力需要与年长创业者创业动机之间的关系进行了假设检验，结果表明，权力需要对年长创业者创业动机影响并不显著。但是，具体到创业动机各子维度，权力需要对年长创业者独立/自主动机具有显著正向影响。权力需要是在某些方面取得一定支配地位的需要，是影响或控制他人的一种驱动力或者获得社会地位的一种愿望（Chan 和 Drasgow，2001）。权力需要高的个体喜欢支配和影响他人，喜欢对别人发号施令，注重争取地位和影响力。年长创业者大多已具有几十年工作经历，在工作中已经积累了大量的工作经验，对工作很有自己的理念和看法，这使得他们越来越希望能够对自己的工作有更大的控制权，或者能够去影响他人使其按照自己的想法工作，而当这些在工作场合中难以实现时，就会促使他们产生自己创业的动机。

（五）角色榜样对安全保障与子女发展动机的影响

本书探讨了角色榜样对年长创业者创业动机的影响作用，研究结果显示，角色榜样对年长创业者创业动机影响并不显著。但是，在探讨角色榜样与创业动机各维度的关系时，发现角色榜样对年长创业者安全保障与子女发展动机具有显著正向影响。年长创业者稳重、理智和冷静，行为相对不太容易受到其他人的影响。在创业动机各维度中，安全保障与子女发展动机属于较低层次的创业动机，出于这种动机创业的年长创业者社会地位相对比较低，所拥有的资源也比较少，这使得他们相对更容易受到周围人的影响，这也就解释了为什么角色榜样只对安全保障与子女发展动机具有显著正向影响。

（六）政策环境对精神体验动机和社会责任动机的影响

通过对政策环境与年长创业者创业动机之间的关系进行假设检验发现，政策环境对年长创业者创业动机具有显著影响。具体到创业动机各维度，政策环境对精神体验动机和社会责任动机具有显著正向影响。一方面，好的政策环境，能够减少创业物质资本和时间成本；另一方面，新政策的出台往往意味着商业机会的存在。精神体验动机追求的是创业过程中的成就感或者激情感受等精神层面的目标，社会责任动机是出于对社会的责任感而创业，从本质上来讲，两者追求的都是非物质的创业回报，没有过多的功利追求。所以，政策环境会对它们产生显著影响，但是不会对其他动机产生显著影响，因为对其他动机的年长创业者来讲，好的政策环境并不足以激发他们的创业动机。

（七）职涯发展受限对独立/自主动机和安全保障与子女发展动机的影响

本书对职涯发展受限与年长创业者创业动机两者的关系进行了假设检验，结果显示，职涯发展受限对年长创业者创业动机具有显著正向影响。具体到创业动机各子维度，职涯发展受限对独立/自主动机和安全保障与子女发展动机具有显著正向影响。职涯发展受限的年长创业者可以进一步细分为两类：一类是已经具备良好的工作积累，从而对工作有着很高期待的年长创业者；另一类是技能、知识均比较贫乏，在职场中竞争力很低的年长创业者。但是，职涯发展受限的认知对他们的创业打算均具有重要影响。

本章小结

在第三章中，基于扎根理论方法得到了年长创业者创业动机的维度结构及其影响因素。年长创业者创业动机包括安全保障与子女发展动机、名利追求动机、独立/自主动机、精神体验动机和社会责任动机。创业动机的产生受到创业资源、创业效能感、成就需要、权力需要、角色榜样、政策环境以及职涯发展受限 7 个因素的影响。然而，扎根理论作为定性方法只适用于年长创业者创业动机维度结构及其影响因素的理论建构，却无法进行理论构思的验证，需要结合使用定量研究分析才有助于检验该理论的结构效度（Edmondson 和 Mcmanus，2007）。因此，本章通过进行问卷调研，并借助统计分析软件，验证了年长创业者创业动机的维度结构及其影响因素。

在第三章扎根理论所得理论模型的基础上，本章严格遵循量表开发步骤，通过探索性因子分析构建了由 19 个题项构成的年长创业者创业动机量表和 21 个题项构成的年长创业者创业动机影响因素量表，并对量表进行了信效度检验，结果显示，量表具有良好的信效度。然后，通过验证性因子分析证实年长创业者创业动机二阶模型具有很好的代表性，创业动机影响因素的一阶七因子构思最优。最后，通过运用多元回归，验证了创业资源、创业效能感、成就需要、权力需要、角色榜样、政策环境以及职涯发展受限对年长创业者创业动机及其维度的影响作用。回归结果显示：成就需要、政策环境和职涯发展受限对年长创业者创业动机具有显著正向影响。具体到创业动机各维度，角色榜样和职涯发展受限对安全保障与子女发展动机具有显著的正向影响；创业资源、权力需要和职涯发展受限对独立/自主动机具有显著的正向影响；成就需要对名利追求动机具有显著的正向影响；成就需要和政策环境对精神体验动机具有显著的正向影响；成就需要和政策环境对社会责任动机具有显著的正向影响。检验结果与扎根理论所得理论模型基本吻合。

第五章

年长创业者创业动机对新创企业成长作用机制验证研究

第三章中运用扎根理论从过程导向的视角建构了年长创业者创业动机产生、维度及其对新创企业成长的动态过程模型，然而这只是初步的理论建构。接下来，本书将借助统计分析检验，验证年长创业者创业动机对新创企业成长的作用机制。

第一节　研究假设

一、年长创业者创业动机与新创企业成长

创业者往往是在多种创业动机的驱使下从事创业活动，不同个体的不同动机强弱存在差异（王玉帅和尹继东，2008；曾照英和王重鸣，2009）。在多种创业动机中，必然有一种创业动机是创业者选择创业的最主要的驱动力。Cooper 和 Lybrand（1991）调查了英国 800 家盈利小企业的创业动力，98% 的受访者认为创业最重要的推动力是“个人获得成功的满足感”。创业动机激发、维持、调节人们的创业活动，并引导创业活动朝向某一目标（曾照英和王重鸣，2009），是影响新创企业成功的一个关键因素（Blawatt，1995）。Bird（1988）认为初创公司的模式和发展方向，以及随之而来的企业组织的成功、发展（包括制订计划）、增长和改变都建立在公司创立时创业者的创业动机上。基于组织行为理论，Winter（2000）从理论上论证了企业家和高层管理者的动机能够提高企业绩效。Baum、Locke 和 Smith（2001）指出创业动机能够显著影响公司成长。Shane、Locke 和 Collins（2003）认为，创业动机对创业行为的产生具有显著影响，同时，还会影响到创业者创业机会的识别、创意的产生以及对创业行为的管理等，并最终影响到企业的创业绩效。

创业动机不同，个体的创业行为选择也会表现出各种差异（窦大海和罗瑾琏，2011）。Shane 和 Venkataraman（2000）指出，个体创业动机的不

同，使人们在创业过程中表现出不同的意愿和能力，从而使创业过程呈现出各种差异。Solymossy（1996）根据创业动机的不同将创业者分为推动型与拉动型创业两种，研究结果表明，不同创业动机的创业者在创业绩效、顾客满意度、网络利用、技术水平及继续创业的信心上均存在较大差别。Storey（1994）认为企业成长受到企业家创业动机、行业背景及管理经验、企业年龄及规模、企业市场定位和企业战略等因素的共同影响。Robichaud、Mcgraw 和 Roger（2001）探讨了内部动机、外部动机、独立自主和家庭取向与利润、销售额和风险资金获取之间的关系，结果发现，外部动机（如个人收入、舒适的生活）与公司销售额和个人获取的利润正相关，而内部动机（如挑战、个人成长和社会承认等）与销售额、利润和个人所得负相关，独立自主与公司利润正相关。何志聪（2004）研究指出，企业家创业动机包括成就导向、控制导向和保障导向 3 个维度，并且创业动机对企业经营绩效具有显著直接影响。成就导向越强，企业成长性越高，但企业的获利性并没有呈现越高的趋势；控制导向与企业获利性正相关；保障导向与企业成长性、获利性均负相关。还有研究者指出，相当一部分创业者可以找到一份高收入的工作，他们选择自主创业并不是为了获得更高的收入，而是为了追求创业带来的非物质回报，例如，更多的自主性以及实现自己想法的机会等（Benz，2006；Benz 和 Frey，2003）。相较于生存型创业，机会型创业的创业者对非物质回报的关注更加强烈。

Wainwright、Kibler、Kautonen 等（2015）认为年长创业者可以分为 3 类：年长企业家、生活方式冒险者、需要冒险者。年长企业家追求独立，并对企业成长和财务回报感兴趣（Kautonen、Down 和 South，2008）。需要冒险者通常会感到有压力，而这些压力对其创业具有消极影响。本书中年长创业者创业动机由安全保障与子女发展动机、名利追求动机、独立/自主动机、精神体验动机和社会责任动机 5 个维度组成。年长创业者往往在多种创业动机的影响下从事创业活动，在多种创业动机中，有一种创业动机是年长创业者选择创业的最主要的驱动力。这种创业动机的不同可能产生不同的企业成长绩效。综上所述，提出如下假设：

H8：年长创业者创业动机对新创企业成长绩效具有显著影响，即年长

创业者创业动机不同，其新创企业成长绩效可能存在显著差异。

二、年长创业者创业动机与新创企业成长：创业障碍感知的中介作用

（一）年长创业者创业动机与创业障碍感知

创业的决定很少取决于动机，而是动机和障碍共同作用的结果（Staniewski 和 Awruk，2015）。Thurik、Verheul 和 Grilo（2006）指出，机会型创业者对自己创办企业的能力更加自信，因而，在创业过程中面对各种创业障碍时更加自信。由此，他们提出，相较于生存型创业者，机会型创业者感知到更少的创业障碍。Kibler、Wainwright、Kautonen 等（2011）发现，不同类型的年长创业者感受到的创业障碍强度不同。Wainwright、Kibler、Kautonen 等（2015）研究表明，年长创业者的创业动机不同，其所感知到的情绪也不同。具体而言，年长企业家和生活方式冒险者在创业上拥有自主权并有机会从事有意义的工作，因而感知到的情绪通常是积极的，而需要冒险者通常感知到与压力有关的负面情绪，这是因为他们没有足够的退休金，需要企业的收入来维持自身的生存。这些感知到的情绪可能会成为其创业过程中的障碍（如：Doern 和 Goss，2013；Cardon、Foo、Shepherd 等，2012）。Kautonen、Luoto 和 Tornikoski（2010）的研究也表明，不同创业动机的年长创业者可能会产生一系列不同的情绪，这些情绪可能会影响创业者对其自身创业能力的感知并以各种方式阻碍企业发展。

作为创业活动发生的起点和推动力，同时也是克服创业困难的心理保障（刘美玉，2013），创业动机在整个创业过程中发挥着十分重要的决定作用。因此，提出如下假设：

H9：年长创业者创业动机对创业障碍感知具有显著影响，即年长创业者创业动机不同，其感知到的创业障碍强度存在显著差异。

（二）创业障碍感知与新创企业成长

年长创业者遭遇的年龄歧视是其企业创办和发展过程中感知到的一个关键障碍（Kibler、Wainwright、Kautonen 等，2011），会影响他们的企业

形成过程（McKay，2001；Weber 和 Shaper，2004；Kautonen 等，2008、2011）。Kautonen、Tornikoski 和 Kibler（2011）研究表明，当年长创业者感知周围的人认为任何年龄段的人创业都是合适的时候，他们的创业意向会增强。Wainwright、Kibler、Blackburn 等（2011）考察了年长创业者的创业活动是如何被其最直接的社会环境，如家人、朋友和客户网络中的年龄歧视障碍削弱的。此外，年长创业者的照料责任也是创业过程中需要面对的障碍。年长创业者可能出于某种动机想要创办一个企业，但是照料责任可能会成为障碍，阻止他们从事创业活动，直到他们不再需要为亲人提供照料。这些障碍可能在强度上存在差异，从而影响年长创业者投入企业中的时间（Kibler、Wainwright、Kautonen 等，2011）。

在对年长创业者创业动机相关资料进行编码分析的过程中发现，年长创业者创业动机不同，企业成长绩效也不同。通过不断比较和分析，最终发现，年长创业者创业动机不同，其感知到的创业障碍强度存在很大差异。当年长创业者感知到的创业障碍比较强时，企业成长绩效往往不好，而当他们感知的创业障碍比较弱时，企业成长绩效普遍较好。因此，提出如下假设：

H10：创业障碍感知对新创企业成长具有显著负向影响。

（三）创业障碍感知的中介作用

不同类型的年长创业者感受到的创业障碍强度不同（Kibler、Wainwright、Kautonen 等，2011）。当年长创业者感知创业障碍强度较大时，他们容易产生消极、负面情绪，从而对创业产生消极影响（Wainwright、Kibler、Kautonen 等，2015）。而当他们感知创业障碍较小时，会有更大的动力并愿意投入更多的努力以促进企业成长。Kautonen、Luoto 和 Tornikoski（2010）的研究也表明，不同创业动机的年长创业者可能会产生一系列不同的情绪，这些情绪可能会影响创业者对其自身创业能力的感知并最终阻碍企业的发展。从因果逻辑关系上看，年长创业者的创业动机影响创业障碍感知，而创业障碍感知又是新创企业成长的前因变量。因此，创业障碍感知在年长创业者创业动机与新创企业成长之间起中介作用。综上所述，提出如下假设：

H11：创业障碍感知在年长创业者创业动机与新创企业成长之间起中介作用。

三、员工导向使命感的调节作用

谢宝国、辛迅和周文霞（2016）认为，学术界对使命感的界定存在3种比较有代表性的观点。古典主义的使命感非常强调个人义务和天生注定，认为使命感是被上帝召唤为了公共福祉而实现的个人救赎（Ponton、Brown、Mcdonnell等，2014）或被描述为因为上帝赋予的天赋、才能和生活中的机会而被个人创造、设计或天生注定要去实现的、存在于现实工作世界中的一个地方（Bunderson和Thompson，2009）。随着人们越来越看重工作的意义以及工作的自主权，使命感的现代观点产生。使命感的现代观点强调个体职业选择过程中自我实现和快乐的驱动作用。Dobrow和Tosti－Kharas（2011）认为使命感是个体在特定工作中感受到的有意义并感到快乐的激情。Hall和Chandler（2005）将使命感界定为一种能够实现人生价值的工作。新古典主义的使命感既强调工作对个人的重要性，也强调其对社会的贡献或价值（Ponton、Brown、Mcdonnell等，2014）。Dik和Duffy（2009）将使命感界定为一种源于自身并超越自我的超然召唤，即以一种能展现或获得目的感或意义感以及以他人导向的价值观和目标作为基本动机来源的方式去践行特定生命角色。

创业者的创业动机会随着企业发展变化而变化，不同的企业发展阶段，会有不同的动机（王玉帅，2008）。Olomi（2001）发现，随着创业时间的推移，一些由于生存和家庭保障创业的创业者，逐渐演化成创业者角色，经营大企业，采取了成长战略，这说明成长驱动可能在企业创立后增强。顾桥、梁东和赵伟（2005）提出，创业者的创业动机具有明显的方向性，是一个循序渐进的过程，即由低级向高级发展。在编码过程中发现，有些年长创业者感知到的创业障碍很强，但是企业依然有很好的发展，通过不断比较和分析，发现这些年长创业者对员工具有很强的责任感，希望能够通过企业的成长给员工带来更好的生活，他们对员工形成了较强的使命感，而强使命感的个体更容易产生对工作的激情和内在意义的追寻（Duffy、Allan 和 Dik，2011），也会对目标领域产生更多的认同与行为。年长创业者员工导向使命感的产生促使他们即使感知到较强的创业障碍，也努力坚持，采取各种措施应对障碍，为企业成长创造条件。综上所述，提出如下假设：

H12：员工导向使命感对创业障碍感知与新创企业成长之间的关系起负向调节作用，当员工导向使命感比较强时，创业障碍感知与新创企业成长之间的负向关系会得到缓和。

四、控制变量

杨浩、陈暄和汪寒（2015）研究发现，教育经历与创业企业绩效显著正相关。创业者的性别、家境状况和创业经历与企业绩效均存在一定的相关关系（Fuchs，1982；Curran 和 Blackburn，2001；Singh 和 DeNoble，2003；Mazzarol、Volery、Doss 等，1999）。另外，企业特征也可能会对新创企业的成长绩效产生影响。例如：Storey（1994）认为企业的规模会影响企业的成长；张梦琪（2015）指出，企业成立年限与新创企业成长也存在一定的相关关系。因而，本书将这些因素作为控制变量，以减少它们对研究结果的影响。

第二节　量表开发与预测试

一、量表开发

第三章运用扎根理论建构了年长创业者创业动机产生、维度及其对新创企业成长影响的动态理论模型，这为量表开发工作奠定了扎实的理论基石。第四章编制了年长创业者创业动机量表，本章将基于扎根理论分析的主轴编码结果编写年长创业者创业障碍感知、新创企业成长、员工导向使命感量表条目，并参考以往文献规范使用中国情境的语言进行行为表述，编制出由20个行为条目组成的创业障碍感知原始版量表、由3个行为条目组成的新创企业成长原始版量表以及由3个行为条目组成的员工导向使命感原始版量表（见表5－1、表5－2和表5－3）。

表5－1　基于扎根理论分析的年长创业者创业障碍感知量表编制

范畴	概念	行为条目
技术和知识障碍	缺乏具有核心技术的产品	1. 缺乏具有核心技术的产品（TN1）
	缺乏启动或维持业务所需的技能和知识	2. 缺乏启动或维持业务所需的技能和知识（TN2）
	对新技术接受相对困难	3. 对新技术接受相对困难（TN3）
	缺乏足够的管理技能和管理业务知识	4. 缺乏足够的管理技能和管理业务知识（TN4）
思维障碍	相对保守，不愿冒险	5. 相对保守，不愿冒险（IB1）
	思维固化，对新事物抱有审慎的态度	6. 思维固化，不太愿意接受新事物或对新事物抱有审慎的态度（IB2）
	意识观念落后	7. 意识观念落后（IB3）
	对新生代顾客心理需求把握不准	8. 对新生代顾客心理需求把握不准（IB4）
	精力跟不上	9. 精力跟不上（IB5）
资金障碍	启动或维持业务的资金不足	10. 启动或维持业务的资金不足（FB1）
	客户回款慢	11. 客户回款慢（FB2）
	获得银行贷款的规则比较繁琐，贷款利息高	12. 获得银行贷款的规则比较繁琐，贷款利息高（FB3）
经营和生活环境障碍	家庭牵绊多，难以全身心投入	13. 家庭牵绊多，难以全身心投入（EB1）
	因年龄因素受到不公平对待	14. 因年龄因素受到不公平对待（EB2）
	国际（国家）政策变化给企业经营带来困难	15. 国际（国家）政策变化给企业经营带来困难（EB3）
	竞争环境欠佳	16. 竞争激烈、低价竞争或竞争缺乏公平（EB4）

续表

范畴	概念	行为条目
支持伙伴障碍	难以找到志同道合的合伙人	17. 难以找到志同道合的合伙人（PB1）
	难以招聘到优秀忠诚的员工	18. 难以招聘到优秀忠诚的员工（PB2）
	缺乏可以寻求帮助的对象	19. 缺乏可以寻求帮助的对象（PB3）
	开拓和维持客户资源比较困难	20. 开拓和维持客户资源比较困难（PB4）

表5－2　　　基于扎根理论分析的新创企业成长量表编制

范畴	概念	行为条目
新创企业成长	销售额	1. 与竞争对手相比，本企业销售额增长很快（G1）
	利润	2. 与竞争对手相比，本企业营业利润增长很快（G2）
	员工数量	3. 与竞争对手相比，本企业员工数量增长很快（G3）

表5－3　　　基于扎根理论分析的员工导向使命感量表编制

范畴	概念	行为条目
员工导向使命感	想让员工有更好的生活	1. 我想让本企业的员工有更好的生活（C1）
	员工多年的追随，产生做好企业的使命感	2. 想到自己企业的员工，我就会产生一种想要把企业做好的使命感（C2）
	为了员工努力坚持	3. 为了为员工创造更好的条件，我愿意付出极大的努力（C3）

二、预测试

本章预测试问卷与第四章预测试问卷是合并问卷，因此问卷的样本基本信息如表4－3所示。

对创业障碍感知量表题项进行27、73高低分群t检验，检验结果如表5－4所示，除题项8外，p值均显著，表示该量表除题项8以外，均具有很好的鉴别力（高低分群有显著差异），应当予以保留。

表5-4 年长创业者创业障碍感知量表预试结果

测量题项	平均值等同性t检验				HL	个案数	平均值	标准差
	t	自由度	p	均值差值				
1. 缺乏具有核心技术的产品	-3.026	51	0.004	-0.87	1	28	2.93	1.184
					2	25	3.80	0.866
2. 缺乏启动或维持业务所需的技能和知识	-4.021	51	0.000	-1.00	1	28	2.32	0.819
					2	25	3.32	0.988
3. 对新技术接受相对困难	-5.445	51	0.000	-1.29	1	28	2.43	0.959
					2	25	3.72	0.737
4. 缺乏足够的管理技能和管理业务知识	-4.202	51	0.000	-1.16	1	28	2.68	1.124
					2	25	3.84	0.850
5. 相对保守，不愿冒险	-2.950	51	0.005	-0.85	1	28	2.79	1.067
					2	25	3.64	1.036
6. 思维固化，不太愿意接受新事物或对新事物抱有审慎的态度	-4.532	51	0.000	-1.18	1	28	2.54	0.999
					2	25	3.72	0.891
7. 意识观念落后	-3.896	51	0.000	-1.04	1	28	2.32	0.983
					2	25	3.36	0.952
8. 对新生代顾客心理需求把握相对困难	-1.678	51	0.099	-0.44	1	28	3.04	0.962
					2	25	3.48	0.963
9. 精力跟不上	-4.238	51	0.000	-1.19	1	28	2.21	0.917
					2	25	3.40	1.118
10. 启动或维持业务的资金不足	-4.440	51	0.000	-1.04	1	28	3.00	0.943
					2	25	4.04	0.735
11. 客户回款慢	-2.855	51	0.006	-0.73	1	28	3.43	1.136
					2	25	4.16	0.624
12. 获得银行贷款的规则比较繁琐，贷款利息高	-3.501	51	0.001	-1.03	1	28	3.25	1.323
					2	25	4.28	0.678
13. 家庭牵绊多，难以全身心投入	-3.199	51	0.002	-0.90	1	28	2.82	1.090
					2	25	3.72	0.936
14. 因年龄因素受到不公平对待	-4.532	51	0.000	-1.18	1	28	2.54	0.962
					2	25	3.72	0.936

续表

测量题项	平均值等同性 t 检验				HL	个案数	平均值	标准差
	t	自由度	p	均值差值				
15. 国际（国家）政策变化给企业经营带来困难	-2.280	51	0.027	-0.65	1	28	3.11	1.166
					2	25	3.76	0.879
16. 竞争激烈、低价竞争或竞争缺乏公平	-3.291	51	0.002	-0.96	1	28	2.96	1.261
					2	25	3.92	0.759
17. 难以找到志同道合的合伙人	-4.010	51	0.000	-1.13	1	28	2.71	1.150
					2	25	3.84	0.850
18. 难以招聘到优秀忠诚的员工	-3.732	51	0.000	-0.96	1	28	3.04	0.999
					2	25	4.00	0.866
19. 缺乏可以寻求帮助的对象	-4.398	51	0.000	-1.11	1	28	2.89	1.031
					2	25	4.00	0.764
20. 开拓和维持客户资源比较困难	-5.424	51	0.000	-1.19	1	28	2.93	0.900
					2	25	4.12	0.666

对新创企业成长量表题项进行 27、73 高低分群 t 检验，检验结果如表 5-5 所示，所有题项 p 值均显著，表示该量表所有题项均具有很好的鉴别力（高低分群有显著差异），应当全部予以保留。

表 5-5　　　　新创企业成长量表预试结果

测量题项	平均值等同性 t 检验				HL	个案数	平均值	标准差
	t	自由度	p	均值差值				
1. 与竞争对手相比，本企业销售额增长很快	-7.247	57	0.000	-1.02	1	39	3.18	0.506
					2	20	4.20	0.523
2. 与竞争对手相比，本企业营业利润增长很快	-7.147	57	0.000	-1.25	1	39	2.95	0.647
					2	20	4.20	0.616
3. 与竞争对手相比，本企业员工数量增长很快	-6.819	57	0.000	-1.13	1	39	2.77	0.536
					2	20	3.90	0.718

对员工导向使命感量表题项进行 27、73 高低分群 t 检验，检验结果如表 5-6 所示，所有题项 p 值均显著，表示该量表所有题项均具有很好的鉴

别力（高低分群有显著差异），应当全部予以保留。

表5-6　员工导向使命感量表预试结果

测量题项	平均值等同性t检验 t	自由度	p	均值差值	HL	个案数	平均值	标准差
1. 我想让本企业的员工有更好的生活	-7.590	57	0.000	-1.89	1	29	2.45	1.242
					2	30	4.33	0.547
2. 想到自己企业的员工，我会产生一种想要把企业做好的使命感	-6.726	57	0.000	-1.65	1	29	2.59	1.240
					2	30	4.23	0.504
3. 为了为员工创造更好的条件，我愿意付出极大的努力	-7.671	57	0.000	-1.89	1	29	2.31	1.257
					2	30	4.20	0.484

第三节　研究结果

一、探索性因子分析

（一）取样

本章探索性因子分析问卷与第四章探索性因子分析问卷是合并问卷，因此问卷的样本基本信息如表4-6所示。

（二）创业障碍感知探索性因子分析过程与结果

对年长创业者创业障碍感知量表进行KMO和巴特利特球形度检验，以判断题项是否可以进行因子分析，检验结果如表5-7所示。KMO系数为0.910，大于0.8，而且巴特利特球形度检验卡方统计量不显著，表明该量表各题项适合进行因子分析。

表 5-7　年长创业者创业障碍感知量表 KMO 和巴特利特球形度检验

KMO 取样适切性量数		0.910
巴特利特球形度检验	近似卡方	1 889.290
	自由度	171
	显著性	0.000

运用主成分—直交旋转—最大方差法对年长创业者创业障碍感知量表进行探索性因子分析，抽取出 5 个因子，解释总体变异的 66.850%（见表 5-8）。删除与扎根理论所得理论模型维度不一致和交叉载荷大于 0.4 的题项，重新进行探索性因子分析。即，依次删除“家庭牵绊多，难以全身心投入”“难以找到志同道合的合伙人”“缺乏足够的管理技能和管理业务知识”“精力跟不上”。

表 5-8　年长创业者创业障碍感知量表旋转成分矩阵

测量题项	成分				
	F1	F2	F3	F4	F5
TN2	0.839				
TN3	0.646				
TN4	0.608				
IB5	0.576				
TN1	0.527				
IB1		0.838			
IB3		0.787			
IB2		0.760			
FB1			0.715		
PB4			0.705		
PB2			0.585		
PB3			0.553		
PB1			0.430	0.406	0.422
EB4				0.708	
FB2				0.696	
EB3				0.674	

续表

测量题项	成分				
	F1	F2	F3	F4	F5
EB2		0.431		0.569	
FB3			0.518	0.529	
EB1					0.751
特征值	8.013	1.405	1.257	1.116	0.911
解释变异量（%）	42.172	7.397	6.615	5.873	4.794
累计解释变异量（%）	42.172	49.569	56.183	62.056	66.850

重新采用主成分—直交旋转—最大方差法对创业障碍感知量表进行探索性因子分析，抽取出5个因子，解释总体变异的71.304%。EB2“因年龄因素受到不公平对待”在F1的载荷量超过0.4，但考虑到与其在F3上的载荷量相差比较大，该题项可以予以保留。其余题项的因素载荷均在0.585—0.851之间（见表5－9）。

表5－9　　年长创业者创业障碍感知量表探索性因子分析结果

测量题项	成分				
	F1	F2	F3	F4	F5
IB1	0.837				
IB2	0.822				
IB3	0.808				
PB4		0.812			
PB3		0.734			
PB2		0.642			
EB3			0.789		
EB4			0.643		
EB2	0.433		0.622		
TN2				0.851	
TN3				0.701	
TN1				0.585	
FB2					0.716
FB1					0.674

续表

测量题项	成分				
	F1	F2	F3	F4	F5
FB3					0.671
特征值	6.506	1.312	1.146	0.927	0.805
解释变异量（%）	43.371	8.748	7.637	6.183	5.364
累计解释变异量（%）	43.371	52.12	59.757	65.94	71.304

从探索性因子分析结果来看，年长创业者创业障碍感知呈五因子结构。

因素 F1 共有 3 个项目：相对保守，不愿冒险；思维固化，不太愿意接受新事物或对新事物抱有审慎的态度；意识观念落后。项目内容显示，因素 F1 是年长创业者思维方式方面的障碍。因此，将因素 F1 命名为思维障碍。

因素 F2 共有 3 个项目：开拓和维持客户资源比较困难；缺乏可以寻求帮助的对象；难以招聘到优秀忠诚的员工。项目内容显示，因素 F2 反映的是年长创业者缺乏的外界人际支持。因此，将因素 F2 命名为支持伙伴障碍。

因素 F3 共有 3 个项目：国际（国家）政策变化给企业经营带来困难；竞争激烈、低价竞争或竞争缺乏公平；因年龄因素受到不公平对待。项目内容显示，因素 F3 反映的是年长创业者面临的经营环境障碍。在扎根理论分析中，“国际（国家）政策变化给企业经营带来困难”“竞争激烈、低价竞争或竞争缺乏公平”“因年龄因素受到不公平对待”与“家庭牵绊多，难以全身心投入”编码为“经营和生活环境障碍”，但是探索性因子分析中“家庭牵绊多，难以全身心投入”被删除。因此，因素 F3 命名为经营环境障碍。

因素 F4 共有 3 个项目：缺乏启动或维持业务所需的技能和知识；对新技术接受相对困难；缺乏具有核心技术的产品。项目内容显示，因素 F4 是年长创业者面临的技术方面的障碍。在扎根理论分析中，“缺乏启动和维持业务所需的技能和知识”“对新技术接受相对困难”“缺乏具有核心技术的产品”与“缺乏足够的管理技能和管理业务知识”同属于“技术和知识障碍”，但是探索性因子分析过程中“缺乏足够的管理技能和管理业务知识”交叉载荷过高，予以删除，剩下的3个题项反映的都是技术方面的障碍，因而将因素F4命名为技术障碍。

因素F5共有3个项目：客户回款慢；启动或维持业务的资金不足；获得银行贷款的规则比较繁琐，贷款利息高。项目内容显示，因素F5体现的是年长创业者创业过程中遇到的资金方面的障碍。因此，将因素F5命名为资金障碍。

（三）新创企业成长探索性因子分析过程与结果

对新创企业成长量表进行KMO和巴特利特球形度检验，以判断题项是否可以进行因子分析，检验结果如表5－10所示。KMO系数为0.611，大于0.6，巴特利特球形度检验卡方统计量不显著，勉强可进行因子分析。

表5－10　　新创企业成长量表KMO和巴特利特球形度检验

KMO取样适切性量数		0.611
巴特利特球形度检验	近似卡方	181.499
	自由度	3
	显著性	0.000

运用主成分法对新创企业成长量表进行探索性因子分析，抽取出1个因子，解释总体变异的68.090%。每个题项的因素载荷均在0.741—0.902之间（见表5－11）。

表5－11　　新创企业成长量表探索性因子分析结果

测量题项	成分
	F1
G1	0.902
G2	0.825
G3	0.741
特征值	2.043
解释变异量（%）	68.090
累计解释变异量（%）	68.090

（四）员工导向使命感探索性因子分析过程与结果

为判断员工导向使命感量表是否适合进行因子分析，本书对员工导向使命感量表进行 KMO 和巴特利特球形度检验，检验结果如表 5－12 所示。KMO 系数为 0.708，大于 0.7，且巴特利特球形度检验卡方统计量不显著，表明该量表各题项尚可进行因子分析。

表 5－12　员工导向使命感量表 KMO 和巴特利特球形度检验

KMO 取样适切性量数		0.708
巴特利特球形度检验	近似卡方	357.606
	自由度	3
	显著性	0.000

运用主成分法对员工导向使命感量表进行探索性因子分析，抽取出 1 个因子，解释总体变异的 81.653%。每个题项的因素载荷均在 0.882—0.938 之间（见表 5－13）。

表 5－13　员工导向使命感量表探索性因子分析结果

测量题项	成分
	F1
C2	0.938
C1	0.889
C3	0.882
特征值	2.45
解释变异量（%）	81.653
累计解释变异量（%）	81.653

二、信效度分析

（一）创业障碍感知量表信效度分析

在探索性因子分析之后，本书对因子分析形成的包含 15 个题项的创业障碍感知量表进行信度检验（见表 5－14）。一般认为，Cronbach's Alpha 大于 0.7 时信度相当好。创业障碍感知 15 个题项、5 个维度，除资金障碍维度以外，Cronbach's Alpha 都大于 0.7，表示信度相当好。资金障碍维度 Cronbach's Alpha 为0.679，信度尚可以接受。而且，各题项修正后的项与总计相关性均大于0.4，因而创业障碍感知量表各维度题项具有较好的信度。

表5-14　　　　创业障碍感知量表信度分析结果

维度	测量题项	修正后的项与总计相关性	Cronbach's Alpha
技术障碍	TN1 缺乏具有核心技术的产品	0.466	0.726
	TN2 缺乏启动或维持业务所需的技能	0.588	
	TN3 对新技术接受相对困难	0.605	
思维障碍	IB1 相对保守，不愿冒险	0.766	0.894
	IB2 思维固化，不太愿意接受新事物或对新事物抱有审慎的态度	0.807	
	IB3 意识观念落后	0.805	
资金障碍	FB1 启动或维持业务的资金不足	0.463	0.679
	FB2 客户回款慢	0.497	
	FB3 获得银行贷款的规则比较繁琐，贷款利息高	0.524	
经营环境障碍	EB2 因年龄因素受到不公平对待	0.617	0.776
	EB3 国际（国家）政策变化给企业经营带来困难	0.631	
	EB4 竞争激烈、低价竞争或竞争缺乏公平	0.589	
支持伙伴障碍	PB2 难以招聘到优秀忠诚的员工	0.523	0.761
	PB3 缺乏可以寻求帮助的对象	0.628	
	PB4 开拓和维持客户资源很难	0.637	

接下来，本书将进行创业障碍感知量表的效度分析。Sekaran（2005）指出，构念效度的考察应当从收敛效度和判别效度两方面进行。平均方差萃取量（AVE）是计算潜变量对测量变量解释能力的平均，AVE 越高，则表示维度收敛效度越高。Fornell 和 Larcker（1981）建议 AVE 值应大于0.5，0.36—0.5 为可接受门槛。通过表5-15可以看出，除资金障碍维度、经营环境障碍维度以外，AVE 值均大于0.5，而资金障碍维度和经营环境障碍维度 AVE 值也是可以接受的，因此，量表具有较好的收敛效度。AVE 开根号值均大于与其他维度的相关系数，量表具有很好的区别效度。

表 5-15　　创业障碍感知量表效度分析结果

维度	收敛效度	区别效度				
	AVE	技术障碍	思维障碍	资金障碍	经营环境障碍	支持环境障碍
技术障碍	0.519	**0.720**				
思维障碍	0.676	0.545	**0.822**			
资金障碍	0.472	0.452	0.441	**0.687**		
经营环境障碍	0.474	0.522	0.612	0.554	**0.688**	
支持伙伴障碍	0.537	0.544	0.512	0.552	0.538	**0.733**

注：对角线粗体字数据为 AVE 之开根号值，下三角区域为维度之皮尔森相关。

（二）新创企业成长量表信度分析

接下来，本书对探索性因子分析形成的包含 3 个题项的新创企业成长量表进行信度检验（见表 5-16）。该量表 Cronbach's Alpha 为 0.757，大于 0.7，各题项修正后的项与总计相关性均大于 0.4，表明量表具有良好的信度。

表 5-16　　新创企业成长量表信度分析结果

维度	测量题项	修正后的项与总计相关性	Cronbach's Alpha
新创企业成长	G1 与竞争对手相比，本企业销售额增长很快	0.724	0.757
	G2 与竞争对手相比，本企业营业利润增长很快	0.571	
	G3 与竞争对手相比，本企业员工数量增长很快	0.483	

（三）员工导向使命感量表信度分析

在探索性因子分析之后，本书对因子分析形成的包含 3 个题项的员工导向使命感量表进行信度检验（见表 5-17）。该量表 Cronbach's Alpha 为 0.886，大于 0.7，各题项修正后的项与总计相关性均大于 0.4，表明量表具有良好的信度。

表 5-17　　员工导向使命感量表信度分析结果

维度	测量题项	修正后的项与总计相关性	Cronbach's Alpha
员工导向使命感	C1 我想让本企业的员工有更好的生活	0.752	0.886
	C2 想到自己企业的员工，我会产生一种想要把企业做好的使命感	0.849	
	C3 为了为员工创造更好的条件，我愿意付出极大的努力	0.739	

三、验证性因子分析

（一）取样

本章验证性因子分析问卷与第四章验证性因子分析问卷是合并问卷，因此问卷的样本基本信息如表4-17所示。

（二）创业障碍感知验证性因子分析过程与结果

本书通过探索性因子分析初步验证得出年长创业者创业障碍感知的结构效度，需要进一步通过验证性因子分析检验该量表的适切性与真实性。

从验证性因子分析的结果看，二阶因子模型的拟合适配度指标GFI和AGFI大于0.8，CFI大于0.9，RMSEA小于0.08，$x^2/df<5$，都达到可接受水平（见表5-18）。目标系数为0.916，目标系数越接近于1，代表二阶模型越具有代表性。因此，年长创业者创业障碍感知二阶模型具有较好的代表性。这为第三章中扎根理论所得出的研究结论提供了佐证。由此确定，年长创业者创业障碍感知是由思维障碍、支持伙伴障碍、经营环境障碍、资金障碍和技术障碍5个一阶因子构成的二阶结构。图5-1为根据结果绘制的结构方程模型。

表5-18　创业障碍感知量表验证性因子分析拟合指标

创业障碍感知验证因素模型	x^2值	自由度（df）	x^2/df	GFI	AGFI	CFI	RMSEA
虚无模型	1340.322	105	12.765	0.347	0.253	0.000	0.238
一阶一因子	412.539	90	4.584	0.757	0.675	0.739	0.132
一阶五因子（因素间无相关）	493.445	90	5.483	0.717	0.622	0.673	0.147
一阶五因子（因素间有相关）	162.811	80	2.035	0.904	0.856	0.933	0.071
二阶因子模型	177.824	85	2.092	0.890	0.844	0.925	0.073

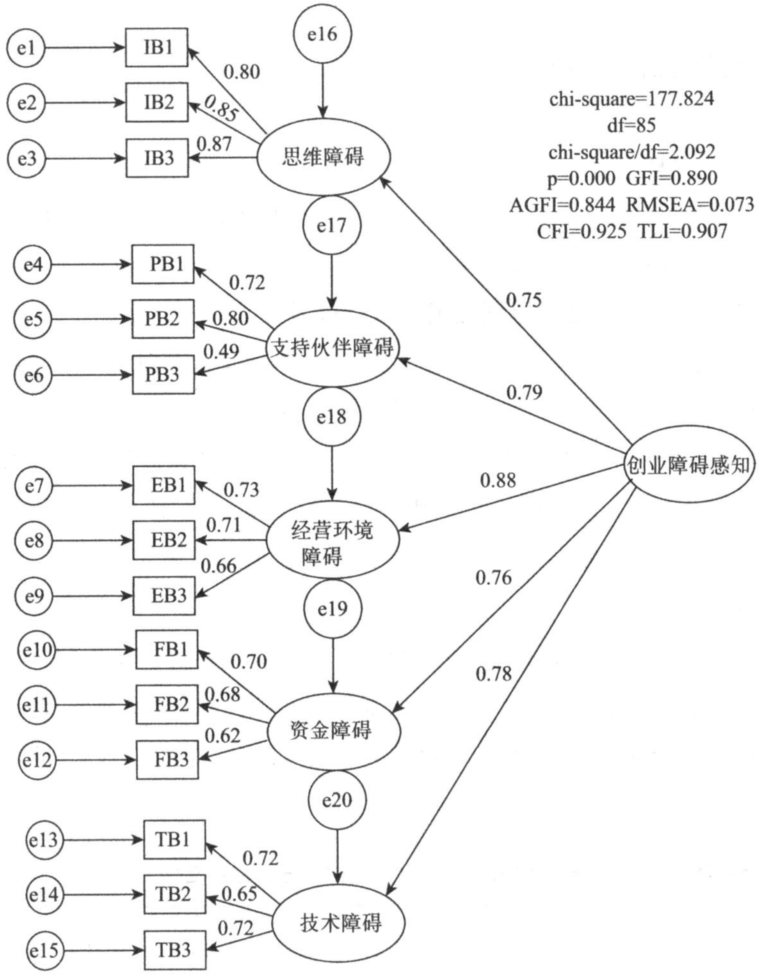

图5-1 创业障碍感知二阶五因子验证性因子分析结果

（三）新创企业成长验证性因子分析过程与结果

通过探索性因子分析，本书初步得出新创企业成长的结构效度，需要进一步通过验证性因子分析检验该量表的适切性与真实性（见图5-2）。

从验证性因子分析的结果看，模型为恰好辨识模型。各题项因子载荷大于0.5，表示模型适配度理想。

（四）员工导向使命感验证性因子分析过程与结果

本书通过探索性因子分析初步得出员工导向使命感的结构效度，接下来将通过验证性因子分析检验该量表的适切性与真实性（见图5-3）。

从验证性因子分析的结果看，模型为恰好辨识模型。各题项因子载荷大于0.5，表示模型适配度理想。

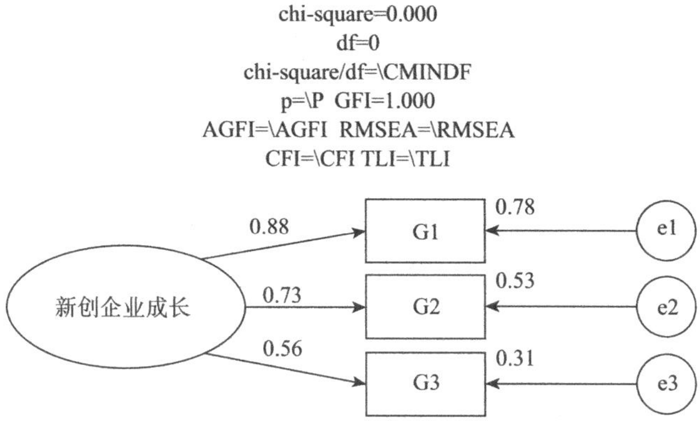

图5-2　新创企业成长验证性因子分析结果

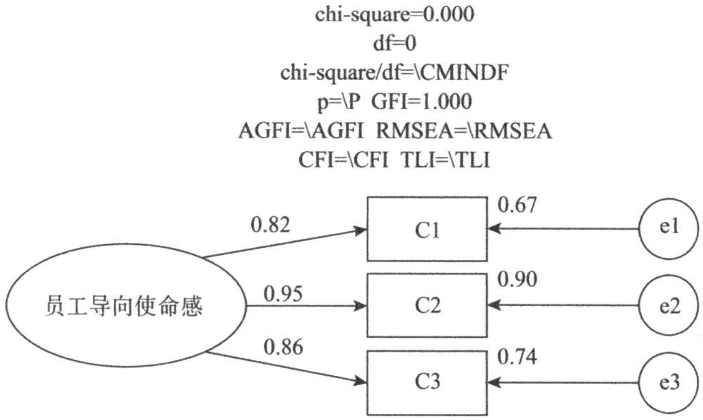

图5-3　员工导向使命感验证性因子分析结果

四、主要变量的相关分析结果

表5-19列出了各变量的均值、标准差以及相关系数。统计结果显示，安全保障与子女发展动机与创业障碍感知、员工导向使命感和新创企业成长均显著相关；精神体验动机和社会责任动机与创业障碍感知、员工导向使命感显著相关；名利追求动机和独立/自主动机与创业障碍感知显著相关。总体来讲，各变量适合做进一步的回归检验。

表 5-19　各变量的相关分析结果

	均值	标准差	1	2	3	4	5	6	7	8
1. 安全保障与子女发展动机（1）	3.678	0.814	1							
2. 名利追求动机（2）	3.428	0.791	0.509**	1						
3. 独立/自主动机（3）	3.566	0.884	0.307**	0.300**	1					
4. 精神体验动机（4）	3.663	0.750	0.348**	0.436**	0.422**	1				
5. 社会责任动机（5）	3.322	0.894	0.278**	0.332**	0.364**	0.568**	1			
6. 创业障碍感知（6）	3.145	0.625	0.343**	0.189**	0.347**	0.311**	0.249**	1		
7. 员工导向使命感（7）	3.325	1.124	-0.166*	-0.042	0.099	0.189**	0.177*	0.118	1	
8. 新创企业成长（8）	3.263	0.753	-0.155*	0.011	-0.003	-0.102	0.085	-0.299**	0.274**	1

注：** 表示在 0.01 级别（双尾），相关性显著；* 表示在 0.05 级别（双尾），相关性显著。

五、假设检验

（一）年长创业者创业动机与新创企业成长

为检验年长创业者创业动机对新创企业成长的影响，本书将新创企业成长作为因变量，年长创业者创业动机作为自变量，并将创业者性别、文化程度、创业经历、家境状况、企业年限以及企业规模作为控制变量，进行多元回归，回归结果如表5-20所示。根据扎根理论所得结果以及验证性因子分析发现，年长创业者创业动机包括名利追求动机、精神体验动机、独立/自主动机、安全保障与子女发展动机以及社会责任动机5个维度，为类别变量，在进入回归方程之前应先对其进行虚拟化设置，将安全保障与子女发展动机作为参照组，其余4种创业动机对企业成长的影响与参照组对比。控制变量中性别、文化程度、创业经历和家境状况也需要进行虚拟化设置。独立/自主动机 & 安全保障与子女发展动机、名利追求动机 & 安全保障与子女发展动机和社会责任动机 & 安全保障与子女发展动机3个虚拟变量的系数达到显著，且为正数，表示与安全保障与子女发展动机相比，出于独立/自主动机、名利追求动机和社会责任动机创业的年长创业者企业成长绩效较好，则假设H8成立。

表5-20　年长创业者创业动机对新创企业成长影响的回归分析结果

变量		因变量：新创企业成长			
		模型1		模型2	
		β	Sig.	β	Sig.
控制变量	性别（男）	-0.174	0.011	-0.195	0.004
	文化程度（高等学历）	0.025	0.738	0.005	0.943
	家境状况（好）	0.086	0.264	0.077	0.302
	创业经历（是）	-0.089	0.202	-0.104	0.130
	企业年限	0.018	0.798	-0.001	0.983
	企业规模	0.145	0.057	0.144	0.051

续表

变量		因变量：新创企业成长			
		模型 1		模型 2	
		β	Sig.	β	Sig.
自变量	独立/自主动机 & 安全保障与子女发展动机			0.218	0.008
	名利追求动机 & 安全保障与子女发展动机			0.267	0.001
	精神体验动机 & 安全保障与子女发展动机			0.079	0.343
	社会责任动机 & 安全保障与子女发展动机			0.221	0.007
R^2		0.079		0.157	
ΔR^2				0.078	
F		2.863***		3.675***	

注：β 为标准化回归系数；*** 表示显著水平 $p<0.001$。

（二）年长创业者创业动机与创业障碍感知

为了探讨年长创业者创业动机对创业障碍感知的影响，本书将创业障碍感知作为因变量，年长创业者创业动机作为自变量，并将创业者性别、文化程度、创业经历、家境状况、企业年限以及企业规模作为控制变量，进行多元回归，回归结果如表 5－21 所示。名利追求动机 & 安全保障与子女发展动机和独立/自主动机 & 安全保障与子女发展动机两个虚拟变量的系数达到显著，且为负数，表示与安全保障与子女发展动机相比，出于名利追求动机和独立/自主动机创业的年长创业者感知的创业障碍要小一些，则假设 H9 得到验证。

表 5－21　年长创业者创业动机对创业障碍感知影响的回归分析结果

变量		因变量：创业障碍感知			
		模型 1		模型 2	
		β	Sig.	β	Sig.
控制变量	性别（男）	0.062	0.378	0.103	0.132
	文化程度（高等学历）	0.037	0.619	0.038	0.608
	家境状况（好）	0.069	0.373	0.061	0.424
	创业经历（是）	−0.076	0.291	−0.061	0.384
	企业年限	0.150	0.037	0.162	0.022
	企业规模	−0.122	0.114	−0.124	0.100

续表

变量		因变量：创业障碍感知			
		模型 1		模型 2	
		β	Sig.	β	Sig.
自变量	独立/自主动机 & 安全保障与子女发展动机			-0.204	0.016
	名利追求动机 & 安全保障与子女发展动机			-0.299	0.000
	精神体验动机 & 安全保障与子女发展动机			-0.131	0.126
	社会责任动机 & 安全保障与子女发展动机			-0.058	0.482
R^2		0.041		0.118	
ΔR^2				0.077	
F 值		1.415***		2.635***	

注：β 为标准化回归系数；*** 表示显著水平 $p<0.001$。

（三）年长创业者创业障碍感知与新创企业成长

为了探讨创业障碍感知对新创企业成长的影响，本书将新创企业成长作为因变量，年长创业者创业障碍感知作为自变量，并将创业者性别、文化程度、创业经历、家境状况、企业年限以及企业规模作为控制变量，进行多元回归，回归结果如表 5-22 所示。创业障碍感知的回归系数为 -0.300，$p<0.05$，表明创业障碍感知对新创企业成长具有显著负向影响，则假设 H10 得到验证。

表 5-22　年长创业者创业障碍感知对新创企业成长影响的回归分析结果

变量		因变量：新创企业成长			
		模型 1		模型 2	
		β	Sig.	β	Sig.
控制变量	性别（男）	-0.174	0.011	-0.156	0.018
	文化程度（高等学历）	0.025	0.738	0.036	0.611
	家境状况（好）	0.086	0.264	0.106	0.147
	创业经历（是）	-0.089	0.202	-0.112	0.096
	企业年限	0.018	0.798	0.063	0.353
	企业规模	0.145	0.057	0.108	0.139
自变量	创业障碍感知			-0.300	0.000

续表

变量	因变量：新创企业成长			
	模型 1		模型 2	
	β	Sig.	β	Sig.
R^2	0.079		0.165	
ΔR^2			0.086	
F 值	2.863***		5.641***	

注：β 为标准化回归系数；*** 表示显著水平 $p<0.001$。

（四）创业障碍感知的中介作用

运用 Spss process 对创业障碍感知对年长创业者创业动机与新创企业成长之间的中介作用进行检验。将年长创业者创业动机作为自变量，企业成长绩效作为因变量，创业障碍感知作为中介变量，并将创业者性别、文化程度、创业经历、家境状况、企业年限以及企业规模作为控制变量，进行创业障碍感知中介作用检验，结果如表 5－23 所示。将安全保障与子女发展动机作为参照组，其余 4 种创业动机对企业成长的影响与参照组对比。其中，独立/自主动机 & 安全保障与子女发展动机（D1）、名利追求动机 & 安全保障与子女发展动机（D2）和社会责任动机 & 安全保障与子女发展动机（D4）3 个虚拟变量的总效应和直接效应达到显著，名利追求动机 & 安全保障与子女发展动机和独立/自主动机 & 安全保障与子女发展动机的创业障碍感知中介效果 95% 信赖区间不包含 0，表示创业障碍感知在年长创业者创业动机与新创企业成长之间起到了部分中介作用，则假设 H11 成立。

（五）员工导向使命感的调节作用

运用 Spss process 检验员工导向使命感对创业障碍感知和新创企业成长之间关系的调节作用。如表 5－24 所示，创业障碍感知和员工导向使命感交互项 R2－Chng 为 0.039，而且交互作用的 95% 信赖区间不包含 0，表明员工导向使命感对创业障碍感知和新创企业成长之间的关系具有显著负向调节作用，则假设 H12 成立。

表 5-23　　创业障碍感知的中介作用分析结果

Y = 新创企业成长

X = 创业动机

M = 创业障碍感知

X 对 Y 的相对总效应

	coeff	se	t	p	LLCI	ULCI
D1	0.386	0.145	2.658	0.008	0.100	0.673
D2	0.640	0.182	3.524	0.001	0.282	0.998
D3	0.138	0.145	0.951	0.343	-0.148	0.425
D4	0.443	0.162	2.744	0.007	0.125	0.762

X 对 Y 的总效应 Omnibus test

	R-sq	F	df1	df2	p
	0.078	4.587	4.000	197.000	0.001

X 对 Y 的相对直接效应

	coeff	se	t	p	LLCI	ULCI
D1	0.294	0.143	2.058	0.041	0.012	0.575
D2	0.456	0.182	2.505	0.013	0.097	0.816
D3	0.080	0.141	0.562	0.574	-0.199	0.358
D4	0.413	0.156	2.642	0.009	0.105	0.722

X 对 Y 的直接效应 Omnibus test

	R-sq	F	df1	df2	p
	0.050	3.153	4.000	196.000	0.015

X 对 Y 的相对间接效应通过：

创业障碍感知

	Effect	SE（boot）	LLCI	ULCI
D1	0.093	0.051	0.023	0.240
D2	0.184	0.081	0.057	0.402
D3	0.059	0.044	-0.006	0.173
D4	0.030	0.045	-0.038	0.148
Omnibus	-0.019	0.015	-0.053	-0.002

表5-24　　员工导向使命感调节作用分析结果

因变量：新创企业成长

模型摘要

R	R-sq	MSE	F	df1	df2	p
0.531	0.282	0.426	8.622	9.000	198.000	0.000

模型

	coeff	se	t	p	LLCI	ULCI
常数	3.291	0.173	19.070	0.000	2.950	3.631
员工导向使命感	0.233	0.046	5.065	0.000	0.142	0.324
创业障碍感知	-0.408	0.075	-5.477	0.000	-0.555	-0.261
int_1	0.192	0.059	3.258	0.001	0.076	0.309
性别	-0.282	0.099	-2.859	0.005	-0.477	-0.088
创业经历	-0.162	0.119	-1.357	0.176	-0.397	0.073
家境	0.072	0.115	0.631	0.529	-0.154	0.298
文化程度	-0.086	0.115	-0.749	0.454	-0.313	0.141
企业年限	0.039	0.047	0.835	0.405	-0.053	0.131
企业规模	0.078	0.049	1.569	0.118	-0.020	0.175

乘积项：

int_1　　创业障碍感知　　X　　员工导向使命感

交互作用引起的R方增加：

	R2-chng	F	df1	df2	p
int_1	0.039	10.616	1.000	198.000	0.001

为了更直观地体现员工导向使命感对创业障碍感知与新创企业成长之间关系的调节作用，本书运用百分位法，制作员工导向使命感调节作用图。如图5-4所示，当创业障碍感知比较高时，员工导向使命感高的年长创业者企业成长绩效相对较好，而员工导向使命感比较低的创业者企业成长绩效相对较差。

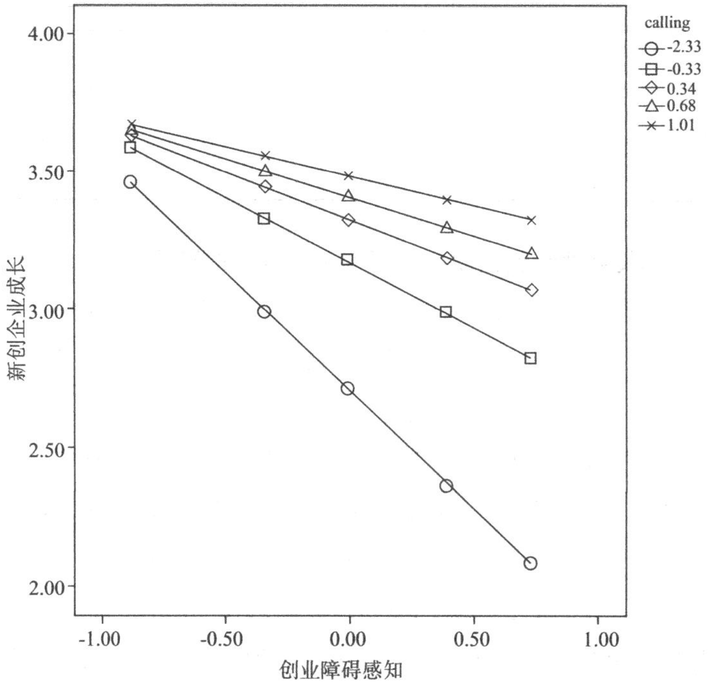

图 5-4　员工导向使命感的调节作用图

六、假设检验结论与讨论

为探讨年长创业者创业动机与新创企业成长之间的关系，本章共提出 5 个研究假设，并利用调查问卷收集数据进行实证检验。检验结果如表 5-25 所示。

表 5-25　　　　假设检验结果汇总

序号	编号	研究假设	检验结果
1	H8	年长创业者创业动机对新创企业成长具有显著影响	成立
2	H9	年长创业者创业动机对创业障碍感知具有显著影响	成立
3	H10	年长创业者创业障碍感知对新创企业成长具有显著负向影响	成立
4	H11	创业障碍感知在年长创业者创业动机与新创企业成长之间起中介作用	成立

续表

序号	编号	研究假设	检验结果
5	H12	员工导向使命感对创业障碍感知与新创企业成长之间的关系起负向调节作用，当员工导向使命感比较高时，创业障碍感知与新创企业成长之间的负向关系会得到缓和	成立

（一）年长创业者创业动机对新创企业成长的影响

通过对年长创业者创业动机与新创企业成长之间的关系进行假设检验发现，年长创业者创业动机对新创企业成长的影响存在显著差异。相较于安全保障与子女发展动机，名利追求动机、独立/自主动机和社会责任动机的年长创业者企业成长绩效较好。安全保障与子女发展动机的创业者创业是为了家庭和个人谋求一份安全保障，或者为子女创造更好的发展平台，一般不会有太长远的企业发展目标，因而企业成长一般。相较于安全保障与子女发展动机的创业者，名利追求动机创业者往往将企业成长成果作为其身份的象征，企业成长好，不仅可以为其带来更高的社会地位，也可以赢得公众的认可，所以他们的企业成长绩效往往较好。独立/自主动机的年长创业者希望对自己的工作有更多的控制权、希望自己做掌控者或者享受自己创业的自由和灵活，这类年长创业者往往已经具有相对较高的经济基础、社会地位，这些资源是可以促进企业成长的。Rogers（1961）指出，40 岁左右个体开始关注自我在社会中的责任。Erikson（1950）指出，40 岁左右的个体正迈入人生第 7 个阶段——传承对停滞。传承感比较强的个体常常具有很高的责任感（Mcadams、Diamond、Ed 等，1997）。社会责任动机的年长创业者“牺牲我一个，幸福天下人”的济世情怀，使得他们有强大的动力致力于企业绩效的提高。

与安全保障与子女发展动机相比，精神体验动机对企业成长的影响并不显著。精神体验动机的年长创业者创业是为了追求创业的非物质回报，其并不过于关注创业的物质回报，因而其企业成长绩效不好。但是，如果这类创业者追求的非物质回报消失，他们很可能会放弃创业活动。

（二）年长创业者创业动机对创业障碍感知的影响

对年长创业者创业动机与创业障碍感知关系的假设进行检验，结果证实了年长创业者创业动机对创业障碍感知具有显著影响，即年长创业者创业动机不同，其感受到的创业障碍强度不同。Kautonen、Luoto 和 Tornikoski（2010）的研究表明，不同创业动机的年长创业者可能会产生一系列不同的情绪，这些情绪可能会影响创业者对其自身创业能力的感知并以各种方式阻碍企业发展。本书发现，相较于安全保障与子女发展动机，名利追求动机、独立/自主动机的年长创业者感知的创业障碍要小一些。名利追求动机的产生源于成就需要的驱动，而高成就需要的个体更愿意面对创业过程中的挑战（Espíritu－Olmos 和 Sastre－Castillo，2015），因而这类创业者感知的创业障碍强度往往较小。独立/自主动机的产生源于职涯发展受限、成就需要和权力需要，这类创业者往往已经具有较好的经济基础和较高的社会地位，这些都会对创业活动提供帮助，而成就需要高的个体感知的创业障碍比较低，权力需要高的人喜欢从事竞争性强的工作，感知到的创业障碍也会比较低，从而使得独立/自主动机的年长创业者感知到较低的创业障碍。

为了生存保障和孩子而选择创业的年长创业者会面临更大的压力，因为由经济风险或孩子引发的压力是 40 岁以后个体所独有的（戴安娜、萨莉和露丝，2013），而且相较于没有孩子的人，父母会有更多的心理压力（Marks 等，2004）。而且，中国父母对子女的关怀及照顾更是无微不至的（杨国枢，1988），孩子从小到大，甚至结婚之后，父母还是在无私的为孩子考虑很多事情，这些压力会放大他们的创业障碍感知。

（三）创业障碍感知对新创企业成长的影响

通过对创业障碍感知与新创企业成长之间的关系进行假设检验发现，创业障碍感知对新创企业成长具有显著负向影响。当年长创业者感知到较强的创业障碍时，新创企业的成长绩效往往不好。感知的创业障碍强，会极大地削弱年长创业者从事创业活动的积极性和主动性，降低他们对创业的信心，不敢开拓新业务，保守、谨慎、畏首畏尾，从而使得新创企业成长绩效难以有所提高。

（四）创业障碍感知的中介作用

本书对创业障碍感知在年长创业者创业动机与新创企业成长之间的中

介作用进行了验证。创业障碍感知在年长创业者与新创企业成长之间的关系中起部分中介作用。这个结果表明，年长创业者创业动机既可以对新创企业成长产生直接影响，又可以通过创业障碍感知对新创企业成长产生影响。本书从创业障碍感知这一视角对创业动机与新创企业成长间的作用机制进行了分析。不同的年长创业者感知到不同强度的创业障碍，这些不同的障碍强度会对新创企业成长产生不同的影响。名利追求动机的年长创业者将企业做大做好当作赢得他人认可、获得更高社会地位或者积累财富的手段，因而往往会有较好的企业成长绩效。另外，他们往往感知的创业障碍强度比较低，这会增强他们创业的主动性和积极性，从而间接影响他们的企业成长绩效。独立/自主动机的年长创业者希望对自己的工作有更多的控制权、希望自己做掌控者或者享受自己创业的自由和灵活。这类年长创业者往往已经具有相对较高的经济基础和社会地位，这些资源是可以促进企业成长的。此外，由于他们往往感知到较低强度的创业障碍，也会导致他们的企业表现出较好的成长绩效。

（五）员工导向使命感的调节作用

本书对员工导向使命感在创业障碍感知与新创企业成长关系间的调节作用进行了验证。员工导向使命感越高，创业障碍感知与新创企业成长间的负向关系越弱。如果年长创业者具有较高水平的员工导向使命感，做出经营决策时会更多地考虑员工的利益，会为了追随自己的团队更积极和主动从事创业活动，在感知到较强的创业障碍时，也更有坚持下去的愿望和动力，从而表现出较好的创业绩效。

本章小结

在第三章中，运用扎根理论方法构建了年长创业者创业动机产生、维度及其对新创企业成长影响的动态过程模型，然而这只是初步的理论建构，尚需要对其进行实证检验。

本章根据扎根理论编码结果编制了创业障碍感知、新创企业成长以及员工导向使命感量表，并对这些量表进行了探索性因子分析、信效度检验以及验证性因子分析。然后，通过对208位年长创业者进行问卷调研，实证分析结果支持了扎根理论的定性结论：年长创业者创业动机对新创企业成长具有显著影响；创业障碍感知对年长创业者创业动机与新创企业成长之间的关系起到部分中介作用；员工导向使命感对创业障碍感知与新创企业成长之间的关系起到调节作用。具体而言，相较于安全保障与子女发展动机，出于名利追求动机、独立/自主动机和社会责任动机创业的年长创业者企业成长绩效较好；相较于安全保障与子女发展动机，名利追求动机和独立/自主动机的年长创业者感知的创业障碍较小；创业障碍感知越小，新创企业成长绩效越好，创业障碍感知在年长创业者创业动机与新创企业成长之间起到部分中介作用。员工导向使命感会调节创业障碍感知与新创企业成长之间的关系，当员工导向使命感较高时，即使创业者感知到较高的创业障碍，新创企业成长绩效也依然较好。

第六章

结论与展望

第一节　研究结论

本书针对激励年长者创业以缓解人口老龄化给年长者个人、企业和国家经济社会发展带来严峻挑战的实践问题，通过定性和定量研究聚焦回答了以下3个关键的理论问题：（1）年长创业者创业动机由哪些维度组成？（2）年长创业者创业动机是如何产生的？不同的影响因素如何导致了年长创业者不同的创业动机？（3）年长创业者创业动机对新创企业成长的作用机制是怎样的？随着创业活动的开展，年长创业者创业动机的变化对其企业成长产生怎样的影响？为准确回答上述3个问题，本书综合运用了扎根理论方法、问卷调查法等多种研究方法，取得了一定的研究成果。具体内容总结如下：

一、年长创业者创业动机是一个具有层次的五维度结构

年长创业者创业动机由安全保障与子女发展动机、名利追求动机、独立/自主动机、精神体验动机以及社会责任动机五维度组成。

（一）安全保障与子女发展动机

安全保障与子女发展动机是年长创业者为自己和家庭谋求一份安全保障，为子女提供更好的发展平台或者减轻子女压力而创业。由经济风险或孩子引发的压力是40岁以后个体所独有的（戴安娜、萨莉和露丝，2013）。中国父母对子女的关怀及照顾更是无微不至（杨国枢，1988）。多位年长创业者提到家庭与子女是其创业的一个重要驱动力量。

（二）名利追求动机

名利追求动机是年长创业者出于对社会认可和地位以及财富等外部目标的追求而产生的动机。具有名利追求动机的年长创业者往往看重社会地位，重视他人对自己的认可和赞赏，或对财富有高度的热情。中国文化中

存在“名利双收”的理想期望（谈晨皓、王逸博、崔诣晨等，2016），虽然历经多年，但是依然影响着人们生活的方方面面。

（三）独立/自主动机

独立/自主动机是年长创业者出于对自主和独立的渴望而选择创业，他们希望对自己的工作有更多的控制权、希望自己做掌控者或者享受自己创业的自由和灵活。Lachman（2001）指出，40 岁以后个体对自由和独立的渴望更加强烈。年长创业者在几十年的职业生涯积累后，对自己的工作有一定的期待，有自己的一套经营理念，他们希望对自己的工作有更多的自主权和控制权，希望实现自己的经营理念。另外，也有相当一部分年长创业者职业发展中遭遇障碍，希望通过创业掌握自己的职业命运。

（四）精神体验动机

精神体验动机是年长创业者对个体内在精神层面目标的追求，如个人挑战、实现自我价值等。多数年长创业者在多年的职业生涯中已经积累了一定的经济基础和工作经验，家庭也趋于稳定，此时，有的个体开始追求全新的、更具挑战性的目标（戴安娜、萨莉和露丝，2013）。

（五）社会责任动机

社会责任动机即年长创业者出于社会责任感而产生创业动机。40 岁左右的个体正迈入人生第 7 个阶段——传承对停滞（Erikson，1950）。传承感比较强的个体常常具有很强的责任感（McAdams 等，1997）。通常情况下，这些人都有“牺牲我一个，幸福天下人”的济世情怀。这种情怀使得一部分年长者将创业视作承担社会责任的手段。

年长创业者创业动机五维度之间呈现出一种层次关系，安全保障与子女发展动机属于最低层次，而社会责任动机属于最高层次。这种层次的出现源于年长创业者创业前的个人经济基础和所处环境。安全保障与子女成长动机的年长创业者往往经济基础较差，个人能力和社会地位通常较低，而社会责任动机的年长创业者通常已经具有很好的经济基础和社会地位，他们不需要为自己和家庭的基本生活发愁，甚至他们中的很多人创业前的积蓄可以维持很有品质的生活，正是这种已经有能力“独善其身”，让他们产生“兼济天下”的济世情怀。

二、年长创业者在不同因素的影响下产生不同的创业动机

40 岁以后，个体差异扩大，生活轨迹也趋于多样化（戴安娜、萨莉和露丝，2013）。年长创业者不同的个体因素和环境因素促使他们产生不同的创业动机。本书通过定性和定量相结合的方法研究发现，角色榜样和职涯发展受限促使年长创业者产生安全保障与子女发展动机；成就需要促使年长创业者产生名利追求动机；创业资源、权力需要和职涯发展受限促使年长创业者产生独立/自主动机；成就需要和政策环境促使年长创业者产生精神体验动机和社会责任动机。

（一）安全保障与子女发展动机的产生

角色榜样和职涯发展受限促使年长创业者产生安全保障与子女发展动机。在创业动机各维度中，安全保障与子女发展动机属于最低层次的创业动机，出于这种动机创业的年长创业者往往经济基础较差，个人能力和社会地位也较低，这决定了他们的行为相对更容易受到周边人的行为状态的影响。另外，较低的个人能力和社会地位也导致他们在职场中缺乏竞争力，一旦遭遇职业生涯发展困难，创业可能是其重返工作场合的唯一相对理想的选择。

（二）名利追求动机的产生

成就需要促使年长创业者产生名利追求动机。名利追求动机的年长创业者往往看重社会地位，重视他人对自己的认可和赞赏，或对财富有高度的热情。McClelland（1989）指出，当个体希望自己的人生能够取得较高成就时，创业将成为一种相当具有吸引力的职业生涯选择，因为创业能够为个体带来的心理和物质满足感是其他选择所无法提供的。

（三）独立/自主动机的产生

创业资源、权力需要和职涯发展受限促使年长创业者产生独立/自主动机，其中，职涯发展受限对年长创业者独立/自主动机的影响更为显著。年长创业者对岗位调整不满、对收入不满或者遭遇职场排挤、职业瓶颈等，会激发其自己掌握职业命运或者自己做掌控者的想法。权力需要高的

年长创业者可能将创业当作不受他人控制和控制或影响他人的一种手段。年长创业者大多已具有几十年工作经历，在工作中积累了大量的工作经验，对工作有自己的理念和看法，这使得他们越来越希望能够对自己的工作有更大的控制权，或者能够去影响他人使其按照自己的想法工作，而当这些在工作场合中难以实现时，就会促使年长创业者产生自己创业的动机。创业资源的积累能够提高企业创建的成功率，因而，创业资源的积累对年长创业者创业动机的产生也具有显著正向影响。

（四）精神体验动机的产生

成就需要和政策环境促使年长创业者产生精神体验动机，且成就需要对精神体验动机的影响更为显著。McClelland（1962）认为具有高成就需要的人认为创业相对其他的岗位能够提供更大的成就满足。好的政策环境，能够减少创业物质资本和时间成本，而且政策变化往往会是商业机会，使潜在创业者感知到机会的来临。精神体验动机的年长创业者看重创业的非物质回报，相应地，不太看重创业的物质回报，因而他们的创业没有过多的利益和成败考虑，决策过程相对容易和感性，会比较容易受到好的政策环境和政策变化的影响。

（五）社会责任动机的产生

成就需要和政策环境促使年长创业者产生社会责任动机，且政策环境的影响更为显著。Erikson（1950）指出，40 岁左右的个体正迈入人生第 7 个阶段——传承对停滞。传承感比较强的个体常常具有很强的责任感（McAdams 等，1997）。这类人将创业当作他们承担社会责任的一种手段。与精神体验动机的年长创业者相似的是，他们也不太看重创业的物质回报，不会太多的考虑创业的利益和成败，从而一项好的政策，或者政策变化会比较容易激发他们的创业动机。而成就需要高的个体会将创业作为一种职业生涯选择，因为创业能够为个体带来的心理和物质满足感是其他选择所无法提供的（McClelland，1989）。

三、年长创业者创业动机对新创企业成长影响的直接和间接路径

（一）年长创业者创业动机对新创企业成长的直接影响

年长创业者创业动机不同，其企业成长绩效也不同。相较于安全保障与子女发展动机，名利追求动机、独立/自主动机和社会责任动机的年长创业者创建的企业成长绩效较好。安全保障与子女发展动机的创业者创业是为家庭和个人谋求一份安全保障，或者为子女创造更好的成长平台，一般不会有太长远的企业发展目标，因而企业成长一般。相较于安全保障和子女发展动机的创业者，名利追求动机创业者往往将企业成长成果作为其身份的象征，企业成长好，不仅可以为其带来更高的社会地位，也可以赢得公众的认可，所以他们的企业成长绩效往往较好。独立/自主动机的年长创业者希望通过创业实现对自己职业命运的控制、希望自己做掌控者或者享受自己创业的自由和灵活，因而他们对创业活动更加投入。另外，这类年长创业者往往已经具有相对较高的经济基础和社会地位，同时这些资源是可以促进企业成长的。Erikson（1950）指出，40 岁左右的个体正迈入人生第 7 个阶段——传承对停滞。传承感比较强的个体常常具有很强的责任感（Mcadams 等，1997）。社会责任动机的年长创业者“牺牲我一个，幸福天下人”的济世情怀，使得他们有强大的动力致力于企业成长绩效的提高。

（二）创业障碍感知对年长创业者创业动机与新创企业成长之间关系的中介作用

创业动机不同，年长创业者感知的创业障碍也不同。相较于安全保障与子女发展动机，名利追求动机和独立/自主动机的年长创业者感知的创业障碍要小一些。年长创业者创业动机是一个具有层次的结构，安全保障与子女发展动机属于最低层次。戴安娜、萨莉和露丝（2013）指出，由经济风险或孩子引发的压力是 40 岁以后个体所独有的。相较于没有孩子的人，父母会有更多的心理压力（Marks、Bumpass 和 Jun，2004）。杨国枢（1988）曾指出，中国家庭成员间的关系是双向的及终身性的。因而，安

全保障与子女发展动机的年长创业者面临更大的压力，这些压力会强化他们的创业障碍感知强度。而追求名利的年长创业者往往已经具有一定的经济基础。加之，名利追求动机的产生源于成就需要，而高成就需要的个体更愿意面对创业过程中的挑战（Espíritu - Olmos 和 Sastre - Castillo，2015），因而名利追求动机的年长创业者感知的创业障碍强度往往较低。独立/自主动机的产生源于职涯发展受限、成就需要和权力需要，这类创业者往往已经具有较好的经济基础和较高的社会地位，这些会对创业活动提供帮助，成就需要高的个体感知的创业障碍比较低，而权力需要高的人喜欢从事竞争性强的工作，感知到的创业障碍也会比较低，从而使得独立/自主动机的年长创业者也感知到较低的创业障碍。感知的创业障碍强度低，会大大增强年长创业者从事创业活动的积极性和主动性，提升他们对创业的信心，从而使得新创企业成长绩效不断提高。

（三）员工导向使命感对创业障碍感知与新创企业成长之间关系的调节作用

年长创业者创业动机会随着创业活动的开展而发生变化。当员工追随创业者多年后，或者员工与创业者“共患难”“共同进退”后，创业者往往会产生对员工的使命感，希望通过企业的发展壮大让员工有更好的生活。当创业者员工导向使命感较高时，即使创业者感知到较强的创业障碍，企业成长绩效依然较好。员工导向使命感对创业障碍感知和新创企业成长之间的关系起到负向调节作用。

第二节　本书的理论贡献

一、构建了年长创业者创业动机的新构思

本书运用定性和定量相结合的方法建构了年长创业者创业动机的新构

思，推进了年长创业者创业动机领域的研究。以往年长创业者创业动机的研究只是简单列出年长创业者创业动机的类型，缺乏系统性。基于创业动机理论、自我实现理论、传承理论和社会认知理论，本书运用扎根理论方法建构了年长创业者创业动机的五维度结构，即安全保障与子女发展动机、名利追求动机、独立/自主动机、精神体验动机和社会责任动机，并实证检验了该维度结构的适切性。年长创业者创业动机五维度结构具有一定的层次，从最低的安全保障与子女发展动机到最高的社会责任动机。年长创业者个体因素和环境因素的差异决定了他们创业动机的不同层次。

二、基于扎根理论建构了年长创业者创业动机产生、维度及影响的动态过程

本书运用扎根理论从过程导向的视角建构了年长创业者创业动机产生、维度及其对新创企业成长影响的动态过程模型，既推进了年长创业者创业动机领域的研究，同时也推进了年长创业者创业动机效能机制的研究。

以往年长创业者创业动机研究多是分散探讨年长创业者创业动机的维度或者其影响因素，并未对创业动机的维度和影响因素进行系统的研究。不同的个体可能受到不同因素的影响而产生不同的创业动机，而目前的研究并没有对这个问题进行更深入的探讨。此外，鲜有研究者探讨年长创业者创业动机的效能机制。单纯研究年长创业者创业动机并不会对社会和经济发展产生影响，只有将创业动机和创业行为连接起来才能对国家经济和社会发展发挥作用。本书运用扎根理论构建了年长创业者创业动机产生、维度及其对新创企业成长影响的动态过程模型，即年长创业者在角色榜样和职涯发展受限的影响下产生安全保障与子女发展动机；在成就需要影响下产生名利追求动机；在创业资源、权力需要和职涯发展受限影响下产生独立/自主动机；在成就需要和政策环境影响下产生精神体验动机和社会责任动机。不同的创业动机会产生不同的创业障碍感知，从而产生不同的新创企业成长绩效。

三、识别了创业障碍感知的维度及其对年长创业者企业成长的影响

年长创业者创业领域的研究多聚焦于其所拥有的创业资源对其创业的影响，鲜有学者关注年长创业者创业过程中遭遇的创业障碍。本书探讨了年长创业者创业障碍感知的维度结构，发现年长创业者创业障碍感知由思维障碍、技术障碍、资金障碍、经营环境障碍和支持伙伴障碍五维度构成。在此基础上，本书进一步发现，创业障碍感知在年长创业者创业动机与新创企业成长之间起中介作用。年长创业者创业动机既可以对新创企业成长产生直接影响，也可以通过创业障碍感知对企业成长产生间接影响。这为当前多聚焦于年长创业者创业积极面的年长创业者创业领域注入了“新鲜血液”。

四、识别了年长创业者创业动机变化对其新创企业成长的影响

本书采用阶段的、动态的方式探讨年长创业者创业动机，关注了创业过程中年长创业者创业动机的变化对其新创企业成长的影响。年长创业者创业动机会随着创业活动的开展而发生变化。当员工追随创业者多年后，或者员工与创业者“共患难”“共同进退”后，一部分年长创业者会产生员工导向使命感，包括“为了员工努力坚持”“要让员工有更好的生活”和“员工多年的追随，让我对做好企业产生了一种使命感”3 个概念。员工导向使命感会负向调节创业障碍感知和新创企业成长之间的关系。即，初始创业动机激发年长创业者从事创业活动，而变化了的创业动机激励年长创业者致力于新创企业成长绩效的提高。

第三节 实践启示

年长创业者创业动机和创业障碍感知共同影响了其企业成长绩效。这就为促进年长者开展创业活动和提高其企业成长绩效提供了两个思路。一方面，从激发年长者创业动机着手；另一方面，从降低年长者创业障碍感知着手。政府鼓励年长者开展创业活动，有针对性地为年长者提供创业支持既可以激发年长者的创业动机，也会降低年长者的创业障碍感知程度。另外，企业开展“被离职”年长员工的“创业适应学习”也会促进年长者开展创业活动，并能够提高其企业成长绩效。

一、重视年长者创业的价值和作用，鼓励年长者开展创业活动

年长创业者创业一方面能够改善物质生活条件，满足心理和精神层面的需要，另一方面促进了国家社会和经济的发展，这对于提高年长者应对未来生活不确定性能力以及缓解人口老龄化压力均具有重要作用。因此，应当重视年长者创业的价值和作用，鼓励年长者开展创业活动。

（一）大力宣传创业观念，激发年长者的创业动机

本书发现，年长者创业动机受创业资源、创业效能感、成就需要、权力需要、角色榜样、政策环境和职涯发展受限的影响。相当一部分年长者在多年的职业生涯中积累了丰富的经验、人脉和资源，但是真正产生创业动机的年长者仍然只是少数。究其原因在于，年长者多求稳怕变，安于现状。因此，要激发年长者的创业动机，应当大力宣传创业观念，增强年长者的成就需要和权力需要，提升他们的创业效能感。此外，发挥成功年长企业家的“榜样示范”作用，并在现行创业政策中增加创业者年龄的审视，从更好地激发年长者创业动机和便利年长者创业活动开展的角度对创业政策加以修订和完善。例如，给予年长创业者一次性创业补贴、创业扶

持政策向年长创业者倾斜等。

（二）鼓励年长者理性创业，引导他们合理选择创业领域

鼓励年长者创业并不是一味地支持年长者创业，而是与年长者共同思考如何成功创业。年长者积累了丰富的工作经验、知识和技能，这是他们创业的优势。但是不可否认的是，随着年龄的增加，年长者精力和体力逐渐下降；在日新月异的知识经济时代，学习新知识和新技能、适应新环境、创新能力和风险承受能力也是他们创业无法回避的劣势。因此，鼓励年长者创业，是与年长者共同思考创业成功的可能性和决定因素，并确保创业结果不至于严重影响个人和家庭未来生活。这就要求年长者创业应当从自己熟悉的行业做起，选择能够有效运用自己积累的人脉资源和技术知识的领域，并选择低风险的投资项目。

二、重视年长者群体的异质性，有针对性地为年长者提供创业支持

本书研究结果表明，年长创业者创业动机和创业障碍感知共同影响了其企业成长绩效。年长创业者创业动机是个体因素和环境因素共同作用的结果。而年长创业者在创业筹备过程和创业过程中会遭遇技术障碍、思维障碍、资金障碍、经营环境障碍和支持伙伴障碍 5 类创业障碍。年长创业者的个体差异决定了其遭遇的各类创业障碍的强度差异。政府有针对性地创业支持一方面可以激发年长者的创业动机，另一方面也可以降低年长者的创业障碍感知。

（一）设立“创业辅助金”，拓宽年长者融资渠道

本书发现资金障碍是相当一部分年长创业者面临的创业障碍。年长创业者创业所需的资金基本是自己多年的积蓄，资金周转遇到问题时，很难得到金融机构的资金支持。中国创业投资圈一直存在着一条“年龄鄙视链”，而“不投老年人”“不投 60 后”似乎是一些投资机构不可明言的做法，理由是从成功概率上说，投资青年有更多胜算[①]。政府应当设立“创

---

① 搜狐网：“中国老年人的晚年生活：别去跳广场舞了，鼓励自主创业!”，https：//www.sohu.com/a/242664776_439726。

业辅助金”，给予年长者创业资金支持；建立“年长者创业贷款支援”制度，为年长者提供低息贷款。同时，应当鼓励金融机构向年长创业者提供资金支持，简化贷款手续，并为年长创业者提供融资担保。

（二）加强舆论引导，优化年长者创业的外部环境

人口老龄化程度的不断加剧给经济和社会发展带来巨大挑战，这已经是全社会共同面临的问题。年长者创业是提高劳动力参与率和生产率、缓解人口老龄化的有效措施。因而，应当引导公众达成共识，年长者在数十年工作中积累了大量的工作经验、知识和技能，充分利用这些经验和技能，可以为社会创造财富、缓解人口老龄化给经济和社会发展带来的巨大压力，从而为年长者创业创造良好的社会文化环境。

（三）举办创业技能培训，强化年长者创业指导和咨询服务

相当一部分年长创业者在创业过程中遭遇“难以招聘到优秀忠诚的员工”“缺乏可以寻求帮助的对象”以及“开拓和维持客户资源很难”等困难，针对这些年长创业者，政府创业相关部门可以定期举办形式多样、层次有别的创业技能培训，提高年长者的管理能力和业务开拓能力，为其更好地开展创业活动提供技能支持。同时，针对年长创业者普遍缺乏可以寻求帮助的对象，政府可以邀请学者和成功企业家成立年长者创业“智囊团”，为年长创业者和计划创业的年长者提供创业指导和咨询服务。例如，帮助计划创业的年长者细致评估其具备的能力和资源，识别能够帮助其成功创业的资源，提高年长者创业的成功率。此外，政府可以定期举办年长者创业交流会，供年长创业者和计划创业的年长者分享创业成功和失败的经验和教训，为他们搭建创业信息的沟通平台。

（四）提供免费技术风险评估，组织开设“年长者创业技术难题交流平台”

知识经济时代，技术更新和变化速度很快，受精力和知识结构的影响，年长者很难跟得上技术变化的脚步。这就意味着年长者在选择创业项目时，要避免技术门槛过高的行业。政府可以为年长者提供免费的创业技术风险评估，帮助计划创业的年长者明确所选行业需要的技术储备，避免他们选择技术门槛过高的行业。对于遭遇技术障碍的年长创业者，政府创业相关部门可以鼓励和组织专业技术人才、职业培训机构和高等学校等开设“年长者创业技术难题交流平台”，解决年长者创业技术层面的疑难和困惑。

（五）尊重年长者思维模式发展的年龄规律，适当引导年长者适应创业思维要求

本书发现，“相对保守，不愿冒险”“思维固化，不太愿意接受新事物或对新事物抱有审慎的态度”和“意识观念落后”是年长创业者普遍遭遇的思维障碍。其尽管有性格因素的影响，但更多的却是年龄因素使然。40岁以后，个体要扮演各种角色，承担各种责任，不可避免地会变得越来越稳重，不敢冒险。创业是充斥着各种不确定性的冒险活动，不愿冒险、稳扎稳打对于创业一旦失败后果相对严重的年长创业者来说是有一定好处的。但是，创业环境瞬息万变，过于保守、思维固化很容易被市场淘汰。因此，政府可以加强舆论引导，焕活年长者心理状态，保持对新鲜事物的兴趣，并积极融入快速变化的社会意识文化生活。

三、关注“被离职”年长员工未来职业生涯发展，为他们提供“创业适应学习”

在一些知识和技术密集型企业里年长员工甚至会遭遇“被离职”的情况（胡丽红，2017）。本书发现，有一部分年长创业者当初之所以选择创业是因为在原单位年龄大了会被辞退。40多岁的年龄很难找到有吸引力的工作，也不愿意随便找个企业将就，不得已而走上创业的道路。年长员工为企业发展做出了贡献，当企业因为企业性质和行业性质不得已需要辞退年长员工时，应当适当为这些员工考虑。当前，人口老龄化程度不断加剧，创业将成为越来越多年长员工的职业选择。因此，在辞退年长员工之前，企业可以为其提供“创业适应学习”，以帮助年长员工更好地适应“被离职”，更好地开始新的工作生活。“创业适应学习”主要包括以下内容：

一是创业心态上的适应学习。“被离职”年长员工的年龄导致他们在职场中再次求职时并不会受到青睐，而他们的高职业成熟度也使其不愿意随便“屈就”一个企业，此时，创业可能会是一条不错的职业生涯发展道路。因此，对于将要“被离职”的年长员工，企业可以为其开展创业适应性分析，帮助他们剖析自身具备的可能帮助其创业成功的因素，激发适合创业的年长员工的创业动机，并逐渐适应和朝着创业方向努力。另外，创业活动不可能一帆风顺，遇到挫折和障碍在所难免，创业心态的适应学习还应当包括对创业障碍的清晰认识，和面对障碍不气馁的心理调适能力培养。

二是创业知识技能的适应学习。在企业工作，尤其是在大中型企业工作，专业化分工比较明确，员工往往只需要做好自己岗位要求的事情就可以。而创业则要求创业者对企业运营的各个方面都要有所了解，所以企业可以为员工安排一系列企业运营知识的培训，帮助年长员工全面把握企业运营过程，掌握必要的管理知识和相关技能。另外，创业也会涉及与政府和其他企业打交道，与创业有关的政策法律法规、商务礼仪和必要的沟通技巧也将是创业知识技能培训的内容。

第四节 研究不足与未来展望

一、研究存在的不足

尽管本书在研究设计、编码分析和实证检验方面尽可能做到规范和完美，但是由于国内外年长创业者创业动机方面的研究非常缺乏以及个人能力的限制，本书尚存在以下不足：

（一）样本数量和来源存在的不足

40 岁以后，个体工作和家庭渐趋稳定，创业者较少且分散，所以研究样本量还不够大，且 60 岁以上样本相对较少。而且，本书采用回溯法收集已经创业成功的年长创业者创业动机和新创企业成长等数据，难以避免年长创业者由于记忆退化和后视偏差对数据造成的污染。在今后的研究中，可以对计划创业的年长者进行跟踪调查，以保证研究结论与实际创业过程更吻合，并重点关注60岁以上创业者。此外，虽然本书样本来自20多个省份，但是以广东广州、湖北武汉、山东济南、河南郑州居多，后续研究应当在其他地区重复此研究，以考察本书得出的结论是否具有区域局限性。

（二）模型构建存在的不足

本书探讨了创业资源、创业效能感、成就需要、权力需要、角色榜样、政策环境以及职涯发展受限对年长创业者创业动机的影响，这些因素涵盖了个体因素和环境因素、拉动因素和推动因素，相较于已有研究丰富得多。而且，本书在取样时尽可能选择不同行业、不同背景的年长创业者。因而，这些因素应当可以很好地解释年长创业者创业动机的产生。然而，本书未能深入探讨这些因素对年长创业者创业动机影响的作用机制是怎样的，是否有中介变量和调节变量的存在不得而知，这个问题希望可以在未来的研究中得到解答。

此外，本书运用阶段的、动态的方式探讨年长创业者创业动机，识别了年长创业者初始创业动机和变化了的创业动机对新创企业成长的影响，这是本书的一个创新点。但是，年长创业者创业动机的变化是复杂多样的，创业一段时间之后，有的年长创业者产生员工导向使命感，有的年长创业者可能产生其他创业动机，这些变化了的创业动机可能都会对企业成长产生影响。但是，本书仅关注了员工导向使命感，忽略了其他可能的创业动机，这是本书的一点不足。

二、未来研究展望

从弥补本书存在的不足之处和进一步深化年长创业者创业动机研究两个视角来看，未来的研究可以从以下两个方面展开：

（一）对本书存在的不足之处予以完善

首先，针对本书样本数量和来源存在的不足，后续研究可以在全国范围内选择计划创业的年长者作为研究对象，并选定几个时点收集数据，对他们展开纵向研究。考虑到本书60岁以上年长创业者数量较少，后续研究可以增加该年龄段创业者数量。其次，针对模型构建存在的不足，后续研究可以着重关注创业资源、创业效能感、成就需要、权力需要、角色榜样、政策环境以及职涯发展受限对年长创业者创业动机施加影响的作用机制，挖掘可能存在的中介变量和调节变量。另外，年长创业者创业动机的动态变化是需要研究者重点关注的内容。年长创业者个体差异和生活轨迹的多样化，以及创业环境的复杂多变，可能使得年长创业者的创业动机呈现多元化的动态变化，深入探讨创业动机的变化规律以及其变化对新创企业成长的影响是后续研究需要重点关注的。

（二）开展年长创业者和年轻创业者创业动机相关内容的比较研究

随着人口老龄化的不断加剧，学者们开始关注年长创业者，并将年长者创业视为缓解人口老龄化带来的经济和社会压力的一个工具。本书基于扎根理论建构了年长创业者创业动机产生、维度及其对新创企业成长影响的动态过程模型，并运用定量研究对该理论模型进行了实证检验，所得结论推进了年长创业者领域的研究，也对激发年长者产生创业动机和提高年长创业者创业成功率具有一定的实践启示。然而，尽管人们已经意识到人口老龄化带来的挑战，以及年长者创业可能成为缓解经济和社会所面临压力的一个工具，年长创业者领域的研究仍然十分有限（Halabinsky、Potter和Kautonen，2012；Kibler、Wainwright、Kautonen等，2012），究其原因在于，主流创业文化认为创业是年轻人的活动，年长者很难适应这一文化（Anderson和Warren，2011；Mallet和Wapshott，2015）。年长创业者和年轻创业者创建的企业的特征不同（Botham和Graves，2009），两者的工作方式也存在差异（Zolin，2015）。Botham和Graves（2009）还指出，年长创业者和年轻创业者的创业动机维度结构虽然没有显著差异，但是各维度程度差异确实存在。本书运用扎根理论建构了年长创业者创业动机的五维度结构，由于年长创业者创业动机并不是一个全新的构念，因此在理论建构阶段，本书回顾了创业动机相关研究，发现年长创业者创业动机与年轻创业者创业动机现有研究可以很好呼应，两者创业动机的维度结构并没有太大不同，但是内涵和程度存在差异，而且激发创业动机产生的影响因素也不同。然而，由于本书的研究主题是年长创业者创业动机，因此并未就年长创业者创业动机与年轻创业者创业动机以及创业动机的产生及其对新创企业成长的影响进行进一步的比较研究，后续研究可以从比较的角度探讨年长创业者和年轻创业者创业动机及其对新创企业成长的作用机制。

附　录

附录A　年长创业者创业动机及其产生与影响访谈提纲

说明：

为了准确回答本书的3个关键理论问题：（1）年长创业者创业动机由哪些维度组成？（2）年长创业者创业动机是如何产生的？不同创业动机的影响因素存在怎样的差异？（3）年长创业者创业动机对新创企业成长的作用机制是怎样的？随着创业活动的开展，年长创业者的创业动机是否会发生变化？这种变化是否会对其企业成长产生影响？作者与30位年长创业者进行了深度访谈，所获得的数据和资料是本书的基础和重要内容。

因为采用深度访谈方法，所以访谈提纲只是访谈时的基本指引，表明访谈时应该涵盖本提纲的所有内容。但访谈时的提问方式和提问深度会根据访谈对象、访谈氛围、访谈进程和被访者的回答情况灵活掌握，力求挖掘和捕捉被访者谈话中任何有价值的信息和内容。

访谈提纲：

1. 请您简单介绍一下您企业的情况（创立时间、规模、行业地位和盈利情况等）。

2. 您为什么会选择创业？您是如何产生创业想法（创业动机）的？您创业之前从事什么工作？这段经历（先前工作）对您产生创业想法有怎样的影响？

3. 请您回忆一下创业过程中具有代表性的成功与失败经历；哪些因素对创业和企业发展具有重要影响；您认为您具备的哪些优势促使您创业成功？

4. 您认为相较于20岁、30岁的创业者，您具有哪些优势，又具有哪些劣势？这些优势对您产生创业想法起到了怎样的作用？这些劣势是如何影响您的创业活动或者企业发展的？您认为在40多岁这样的年龄创业与

20 岁、30 岁创业者在心态上有着怎样的不同？这些心态上的不同对您企业的发展又产生了怎样的影响？

5. 在上面的交谈中您提到您之所以选择创业是基于 × × × 等因素的考虑，那您认为这些因素是如何影响您企业的建立与发展的？

6. 您创业过程中遇到过哪些障碍？请您谈谈这些障碍是如何被克服的？您如何看待创业过程中遇到的障碍？您企业发展过程中（当前）遇到过哪些障碍？

7. 您周围是否有与您年龄相仿的亲戚朋友创业？是什么因素促使他们创业？他们企业的经营业绩如何？如果您周围有年龄相仿的亲戚朋友打算创业，您会给他们哪些建议，或者传授哪些经验？

8. 您企业当前的经营业绩如何？您认为企业经营业绩应该从哪几方面衡量？

附录 B　年长创业者创业动机与新创企业成长调查问卷

尊敬的女士/先生：

本问卷旨在研究年长创业者创业动机及其与新创企业成长之间的关系，我们非常渴望通过您的真诚帮助，为我们真实了解年长创业者创业现状提供机会。答案没有对错之分，因此，希望您能提供您及企业的真实情况。

我们郑重承诺：本调查问卷仅作学术研究之用，您提供的任何信息我们都将予以严格保密。

最后，祝贵公司业务蒸蒸日上！

第一部分：下表中列出了个体创业的主要驱动因素，请根据您当时的情况，在各选项上打勾：

1："完全不同意"；2："不同意"；3："不确定"；4："同意"；5："完全同意"。

题项	同意程度				
1. 把创业当作赢得公众认可的途径	1	2	3	4	5
2. 享受创业带来的乐趣或激情感受	1	2	3	4	5
3. 通过创业获得更高的社会地位	1	2	3	4	5
4. 通过创业积累更多的财富	1	2	3	4	5
5. 证明自己有能力完成创业活动	1	2	3	4	5
6. 寻求未来生活保障	1	2	3	4	5
7. 通过创业让自己保持活跃	1	2	3	4	5
8. 享受创业带来的成就感	1	2	3	4	5
9. 实现创业想法	1	2	3	4	5
10. 通过创业实现自己的人生价值	1	2	3	4	5
11. 自己做掌控者，可以独立决策，并拥有对企业的完全控制	1	2	3	4	5
12. 助力国家经济发展	1	2	3	4	5

续表

题项	同意程度				
13. 通过创业不断挑战自己	1	2	3	4	5
14. 促进社会发展	1	2	3	4	5
15. 通过创业为子女创造更好的发展平台或为子女减轻压力	1	2	3	4	5
16. 增加就业	1	2	3	4	5
17. 自己创业时间灵活并自由	1	2	3	4	5
18. 为家庭提供经济保障	1	2	3	4	5
19. 自己创业，不用担心被辞退，避免了失业可能	1	2	3	4	5
20. 自己掌握自己的职业命运，避免职业发展受到外在因素的限制	1	2	3	4	5

第二部分：下表中列出了一些关于创业动机因素的描述，请您仔细阅读每一道题目，并根据您自身的情况在各选项上打勾：

1：“完全不同意”；2：“不同意”；3：“不确定”；4：“同意”；5：“完全同意”。

题项	同意程度				
1. 我相信自己具备的能力能够解决创业中遇到的问题	1	2	3	4	5
2. 创业前，我积累了一定的资金	1	2	3	4	5
3. 我对行业发展方向大致可以看得准	1	2	3	4	5
4. 我积累的人脉资源能够给我提供创业的帮助，如筹集资金、介绍客户或分享经验等，这对我的创业打算产生了很大正面影响	1	2	3	4	5
5. 我看到一个很有前景的机会并相信自己可以实现它	1	2	3	4	5
6. 创业前，我在该行业已经积累了一定的客户资源	1	2	3	4	5
7. 创业前，我已经具备了该行业所需要的技术、行业经验或管理经验	1	2	3	4	5
8. 创业可以为我带来工作所不能够给予的成就感	1	2	3	4	5
9. 我总是试图不断提高和突破自己	1	2	3	4	5
10. 对我来说，不断接受新的挑战和面对新的事物是非常重要的	1	2	3	4	5
11. 我家族中成功创业者较多，这对我创业影响很大	1	2	3	4	5
12. 我朋友同事中成功创业者较多，这对我创业影响很大	1	2	3	4	5
13. 我所在地区成功创业者较多，这对我创业影响很大	1	2	3	4	5
14. 我喜欢领导和掌控的感觉	1	2	3	4	5
15. 我希望自己在社会中能够拥有更高的社会地位	1	2	3	4	5

续表

题项	同意程度				
16. 我希望对自己的工作拥有更多的控制权	1	2	3	4	5
17. 政府出台的各项创业优惠措施对我的创业打算产生很大正面影响	1	2	3	4	5
18. 政府新政策的出台带来创业机会	1	2	3	4	5
19. 政府对创业非常重视，让我意识到创业前景会很好	1	2	3	4	5
20. 缺乏有吸引力的就业选择，对我创业影响很大	1	2	3	4	5
21. 职场中对年长员工的年龄歧视，对我创业影响很大	1	2	3	4	5
22. 对创业前工作不满意，如对收入/岗位调整不满意、遭遇职业瓶颈或职场排挤	1	2	3	4	5

第三部分：下表中列出了一些关于企业创业之初所遇困难和经营成果的描述，请您仔细阅读每一道题目，并根据您企业的情况在各选项上打勾：

1：“完全不同意”；2：“不同意”；3：“不确定”；4：“同意”；5：“完全同意”。

题项	同意程度				
1. 缺乏启动或维持业务所需的技能和知识	1	2	3	4	5
2. 缺乏具有核心技术的产品	1	2	3	4	5
3. 对新技术接受相对困难	1	2	3	4	5
4. 缺乏足够的管理技能和管理业务知识	1	2	3	4	5
5. 精力跟不上	1	2	3	4	5
6. 难以招聘到优秀忠诚的员工	1	2	3	4	5
7. 难以找到志同道合的合伙人	1	2	3	4	5
8. 开拓和维持客户资源比较困难	1	2	3	4	5
9. 缺乏可以寻求帮助的对象	1	2	3	4	5
10. 启动或维持业务的资金不足	1	2	3	4	5
11. 获得银行贷款的规则比较繁琐，贷款利息高	1	2	3	4	5
12. 客户回款慢	1	2	3	4	5
13. 家庭牵绊多，难以全身心投入	1	2	3	4	5
14. 因年龄因素受到不公平对待	1	2	3	4	5
15. 相对保守，不愿冒险	1	2	3	4	5

续表

题项	同意程度				
16. 意识观念落后	1	2	3	4	5
17. 思维固化，不太愿意接受新事物或对新事物抱有审慎的态度	1	2	3	4	5
18. 对新生代顾客心理需求把握相对困难	1	2	3	4	5
19. 国际（国家）政策变化给企业经营带来困难	1	2	3	4	5
20. 竞争激烈、低价竞争或竞争缺乏公平	1	2	3	4	5
21. 我想让本企业员工有更好的生活	1	2	3	4	5
22. 想到自己企业的员工，我就会产生一种想要把企业做好的使命感	1	2	3	4	5
23. 为了为员工创造更好的条件，我愿意付出极大的努力	1	2	3	4	5
24. 与竞争对手相比，本企业员工数量增长很快	1	2	3	4	5
25. 与竞争对手相比，本企业销售额增长很快	1	2	3	4	5
26. 与竞争对手相比，本企业利润额增长很快	1	2	3	4	5

第四部分：以下是有关您及您企业的基本情况，请根据您的实际情况做出选择。

1. 性别：□男　□女

2. 您创业时的年龄：□30 岁以下　□30—34 岁　□35—39 岁　□40—44 岁　□45—49 岁　□50—59 岁　□60 岁及以上

3. 您创业时的文化程度：□初中及以下　□高中/中专　□大专　□本科　□研究生

4. 您创业前的家境状况：□很差　□差　□一般　□好　□很好

5. 企业成立年数：□1 年以下　□1—3 年　□4—5 年　□6—8 年　□8 年以上

6. 您创业前的工作年限：□1 年以下　□1—3 年　□4—5 年　□6—10 年　□11—20 年　□ 20 年以上

7. 您企业主要业务的经营所在地：__________省____________市

8. 您企业所属行业：□农、林、牧、渔 业　□制造业　□建筑业　□交通运输、仓储和邮政业　□金融保险业　□房地产业　□教育业　□信息传输、计算机服务和软件业　□批发和零售业　□医疗卫生业

□商务服务业（咨询、中介、法律、广告等）　□住宿和餐饮业　□居民服务和其他服务业　□科学研究和技术服务业　□文化、体育和娱乐业　□其他

9. 您企业的员工人数：□9 人及以下　□10—49 人　□50—99 人　□100—299 人　□300 人及以上

10. 你之前是否创业过？□是　□否

参考文献

［1］蔡莉，尹苗苗．新创企业学习能力，资源整合方式对企业绩效的影响研究［J］．管理世界，2009（10）：1—10.

［2］蔡莉，尹苗苗，柳青．生存型和机会型新创企业初始资源充裕程度比较研究［J］．吉林工商学院学报，2008，24（1）：36—41.

［3］蔡莉，赵镝，朱秀梅．女性创业特性研究［J］．科学学与科学技术管理，2005，26（9）：43—47.

［4］陈丹，王文科．大学生创业意向影响因素研究［J］．山东大学学报（哲学社会科学版），2012，62（6）：113—119.

［5］陈明，张姝骁．女性创业者的创业动机对创业承诺的影响研究［J］．当代财经，2016（12）：77—84.

［6］陈文娟．大学生创业动机影响因素——以江苏省高校大学生为例［J］．中国科技论坛，2015（9）：138—142.

［7］陈勋教，徐国平．领导者的权力欲望及其调节［J］．企业改革与管理，2006（7）：38—39.

［8］戴安娜·帕帕拉，萨莉·奥尔兹，露丝·费尔德曼．发展心理学．下册，从成年早期到老年期［M］．北京：人民邮电出版社，2013.

［9］邓婉婷，岳胜男，沙小晃．新生代农民工创业意向调查实践报告［J］．学理论，2011（18）：107—112.

［10］窦大海，罗瑾琏．创业动机的结构分析与理论模型构建［J］．管理世界，2011（3）：182—183.

［11］段锦云，王朋，朱月龙．创业动机研究：概念结构、影响因素

和理论模型［J］. 心理科学进展，2012，20（5）：698—704.

［12］段利民，杜跃平. 创业环境对大学生创业意愿的影响：兼对GEM模型的再检验［J］. 技术经济，2012，31（10）：64—70.

［13］范巍，王重鸣. 创业倾向影响因素研究［J］. 心理科学，2004（27）：1087—1090.

［14］樊耘，阎亮，季峰. 基于权力动机的组织文化对员工组织情感承诺的影响［J］. 西安交通大学学报（社会科学版），2010，30（4）：37—43.

［15］方世建，秦正云. 创业过程中的企业家机会发现研究［J］. 外国经济与管理，2006，28（12）：18—24.

［16］付宏. 中国新创企业成长轨迹的实证研究［M］. 北京：科学出版社，2013.

［17］高静，贺昌政，刘娇. 基于SEM模型的大学生创业倾向影响因素研究——来自重庆的实证数据［J］. 教育发展研究，2014（1）：57—62.

［18］顾桥，梁东，赵伟. 创业动机理论模型的构建与分析［J］. 科技进步与对策，2005，22（12）：93—94.

［19］关奕檬. 当代大学生创业意愿与大学生创业园区建设的调查研究［J］. 陕西理工大学学报（社会科学版），2014（1）：91—94.

［20］何志聪. 中小民营企业家创业动机及其影响因素研究［D］. 浙江大学，2004.

［21］胡怀敏，肖建忠. 不同创业动机下的女性创业模式研究［J］. 经济问题探索，2007（8）：24—26.

［22］胡望斌，张玉利，牛芳. 我国新企业创业导向，动态能力与企业成长关系实证研究［J］. 中国软科学，2009（4）：107—118.

［23］黄杜渐. 动态激励基层年长员工盘活国企存续人力资源［J］. 中国人力资源开发，2009（11）：22—24.

［24］蒋小仙. 老年创业成长模型与特征分析——基于多案例研究［J］. 经济与管理研究，2020，41（12）：93—107.

［25］姜彦福，高建，程源，邱琼. 全球创业观察2003中国及全球报

告 [M]. 北京：清华大学出版社，2004.

[26] 李春涛，孔笑微. 经理层整体教育水平与上市公司经营绩效的实证研究 [J]. 南开经济研究，2005 (1)：8—14.

[27] 李洪波，牛昕. 创业环境对大学生创业动机的影响研究 [J]. 技术经济与管理研究，2013 (5)：40—43.

[28] 李嘉，杨忠，张骁，等. 基于资源禀赋视角的创业者行业选择差异研究——以女性创业者为例的跨案例分析 [J]. 研究与发展管理，2011，23 (5)：21—29.

[29] 李丽群，胡明文，黄大星. 新生代农民工的特征与创业动机分析 [J]. 江苏农业科学，2011，39 (3)：581—583.

[30] 李新春，梁强，宋丽红. 外部关系—内部能力平衡与新创企业成长——基于创业者行为视角的实证研究 [J]. 中国工业经济，2010 (12)：97—107.

[31] 林嵩. 创业资源的获取与整合——创业过程的一个解读视角 [J]. 经济问题探索，2007 (6)：166—169.

[32] 林嵩，姜彦福，张帏. 创业机会识别：概念、过程、影响因素和分析架构 [J]. 科学学与科学技术管理，2005，26 (6)：128—132.

[33] 刘佳，李新春. 模仿还是创新：创业机会开发与创业绩效的实证研究 [J]. 南方经济，2013 (31)：20—32.

[34] 刘美玉. 创业动机、创业资源与创业模式：基于新生代农民工创业的实证研究 [J]. 宏观经济研究，2013 (5)：62—70.

[35] 刘鹏程，李磊，王小洁. 企业家精神的性别差异——基于创业动机视角的研究 [J]. 管理世界，2013，239 (8)：126—135.

[36] 刘树森. 创业环境对新创科技型企业成长影响研究 [D]. 吉林大学，2014.

[37] 刘唐宇，杨吴昊茜. 女研究生创业动机的影响因素研究——基于福建农林大学女研究生的调查 [J]. 学位与研究生教育，2013 (5)：54—58.

[38] 刘兴国，沈志渔，周小虎. 社会资本对我国民营企业创业行为

的影响［J］. 经济管理，2009（6）：41—46.

［39］［英］马歇尔．经济学原理［M］. 彭逸林等译，北京：人民日报出版社，2009.

［40］马旭东．马斯洛自我实现理论的特点及其价值分析［J］. 昆明理工大学学报（社会科学版），2006，6（1）：49—52.

［41］马斯洛，林方．人的潜能和价值［M］. 北京：华夏出版社，1987.

［42］莫寰，黄小军，杨建锋．女性创业动机的演化博弈模型［J］. 广州大学学报（社会科学版），2009，8（12）：34—40.

［43］穆光宗．成功老龄化：中国老龄治理的战略构想［J］. 国家行政学院学报，2015（3）：55—61.

［44］南希·莫罗－豪厄尔．生产性老龄化：理论与应用视角［J］. 人口与发展，2011，17（6）：44—48.

［45］童红梅，楼玮群．老有所为：近期“生产性老龄化”研究回顾和启示［J］. 中国老年学，2016，36（5）：1273—1276.

［46］史容，傅利平，殷红春，等．创业效能感对创业意向的多重效应——不同创业动机中介作用的比较［J］. 天津大学学报（社会科学版），2016，18（3）：231—236.

［47］斯特劳斯，科宾著．质性研究概论［M］. 徐宗国译，台北：巨流图书公司，1997.

［48］孙红霞，郭霜飞，陈浩义．创业效能感、创业资源与农民创业动机［J］. 科学学研究，2013，31（12）：1879—1888.

［49］谈晨皓，王逸博，崔诣晨，等．名利博弈中的舍利取义行为［J］. 心理科学进展，2016（12）：1907—1916.

［50］田莉，龙丹．创业过程中先前经验的作用解析——最新研究成果评述［J］. 经济理论与经济管理，2009（11）：41—45.

［51］汪长玉，左美云．从传承理论视角看年长员工代际知识转移意愿［J］. 科研管理，2017，38（8）：134—142.

［52］王端旭，叶庆燕．员工离职创业决策过程及多层面影响因素研

究述评［J］. 经济管理，2016（11）：187—199.

［53］王竞一，张东生．离职员工创业的特点对我国创业教育的启示——基于M公司离职创业员工的案例研究［J］. 技术经济与管理研究，2016（10）：45—50.

［54］王西玉，崔传义，赵阳．打工与回乡：就业转变和农村发展——关于部分进城民工回乡创业的研究［J］. 管理世界，2003（7）：99—109.

［55］王旭，朱秀梅．创业动机、机会开发与资源整合关系实证研究［J］. 科研管理，2010（5）：54—60.

［56］王迎军，韩炜．新创企业成长过程中商业模式的构建研究［J］. 科学学与科学技术管理，2011，32（9）：51—58.

［57］王玉帅．创业动机及其影响因素分析［D］. 南昌大学，2008.

［58］王玉帅，尹继东．江西地区创业者创业动机实证分析［J］. 当代财经，2008（5）：80—84.

［59］王玉帅，尹继东．创业者：定义的演化和重新界定［J］. 科技进步与对策，2009，26（10）：137—141.

［60］魏江，权予衡．"创二代"创业动机、环境与创业幸福感的实证研究［J］. 管理学报，2014，11（9）：1349—1357.

［61］韦雪艳，段锦云．创业者个人主动性与创业社会支持网络的关系［J］. 现代管理科学，2011（3）：55—57.

［62］邬爱其．集群企业网络化成长机制研究［D］. 浙江大学，2004.

［63］夏清华．新创企业的成长：产业机会、行为资源与创业学习［J］. 经济管理，2008（3）：38—43.

［64］谢宝国，龙立荣．职业生涯高原对员工工作满意度、组织承诺、离职意愿的影响［J］. 心理学报，2008，40（8）：927—938.

［65］谢宝国，辛迅，周文霞．工作使命感：一个正在复苏的研究课题［J］. 心理科学进展，2016，24（05）：783—793.

［66］［英］亚当·斯密．国富论［M］. 杨敬年译，西安：陕西人民出版社，2001.

［67］徐占东，陈文娟．大学生创业特质、创业动机及新创企业成长关系研究［J］．科技进步与对策，2017，34（2）：51—57.

［68］姚梅芳，马鸿佳．生存型创业与机会型创业比较研究［J］．中国青年科技，2007（1）：37—43.

［69］杨国枢．中国人的心理［M］．台北：桂冠图书公司，1988.

［70］杨浩，陈暄，汪寒．创业型企业高管团队教育背景与企业绩效关系研究［J］．科研管理，2015（s1）：216—223.

［71］杨俊．基于创业行为的企业家能力研究——一个基本分析框架［J］．外国经济与管理，2005，27（4）：28—35.

［72］尹奎，刘永仁．职场排斥与员工离职倾向：组织认同与职业生涯韧性的作用［J］．软科学，2013，27（4）：121—124.

［73］郁义鸿，李志能，Robert D. Hisrich. 创业学［M］．上海：复旦大学出版社，2000.

［74］孙中博．创业者网络关系对新创企业绩效的影响机制研究［D］．吉林大学，2014.

［75］曾照英，王重鸣．关于我国创业者创业动机的调查分析［J］．科技管理研究，2009（9）：285—287.

［76］张多中，王欣．论企业成长的方式［J］．经济改革，1998（6）：72—72.

［77］张凯竣，雷家骕．基于成就目标理论的大学生创业动机研究［J］．科学学研究，2012，30（008）：1221—1227.

［78］张梦琪．创业者社会资本、创业机会开发与新创企业成长关系研究［D］．吉林大学，2015.

［79］张明林，喻林，傅春．金融危机和产业转移背景下农民工返乡创业对策研究［J］．求实，2009（5）：53—55.

［80］仲伟伫，王亚平，王丽平．创业文化对创业者创业动机影响的实证研究［J］．科学学与科学技术管理，2012（9）：162—172.

［81］周勇，凤启龙，陈迪．创业环境对大学生自主创业动机的影响研究——基于江、浙、沪高校的调研［J］．教育发展研究，2014（17）：

33—37.

［82］朱红根，康兰媛．农民工创业动机及对创业绩效影响的实证分析——基于江西省15个县市的438个返乡创业农民工样本［J］. 南京农业大学学报（社会科学版），2013（5）：59—66.

［83］Abbey A，Dickson J W. R&D work climate and innovation in semiconductors［J］. Academy of Management Journal，1983，26（2）：362—368.

［84］Age，UK，The rise of "olderpreneur"，2012［online］，［18.2.2014］available：http：//www.ageuk.org.uk/work – and – learning/looking – for – work/therise – of – the – olderpreneur/.

［85］Agarwal R，Audretsch D，Sarkar M B. The process of creative construction：knowledge spillovers，entrepreneurship，and economic growth［J］. Strategic Entrepreneurship Journal，2007，1（3—4）：263—286.

［86］Ahmad N H，Nasurdin A M，Halim H A，et al. The pursuit of entrepreneurial initiatives at the "Silver" Age：From the lens of Malaysian silver entrepreneurs［J］. Procedia – Social and Behavioral Sciences，2014，129：305—313.

［87］Ajzen I. The theory of planned behavior［J］. Organizational behavior and human decision processes，1991，50（2）：179—211.

［88］Ajzen I. Residual effects of past on later behavior：Habituation and reasoned action perspectives［J］. Personality and social psychology review，2002，6（2）：107—122.

［89］Aldrich H E，Kenworthy A. The accidental entrepreneur：Campbellian antinomies and organizational foundings［J］. Variations in organization science：In honor of Donald T. Campbell，1999：19—33.

［90］Almobaireek W N，Manolova T S. Entrepreneurial motivations among female university youth in Saudi Arabia［J］. Journal of Business Economics & Management，2013，14（supl）：S56—S75.

［91］Alsos G A，Kolvereid L. The business gestation process of novice，serial，and parallel business founders［J］. Entrepreneurship：Theory and Practice，

1999, 22: 101—114.

[92] Amason A C, Shrader R C, Tompson G H. Newness and novelty: Relating top management team composition to new venture performance [J]. Journal of Business Venturing, 2006, 21 (1): 125—148.

[93] Amit R, Muller E. "Push" and "pull" entrepreneurship [J]. Journal of Small Business & Entrepreneurship, 1995, 12 (4): 64—80.

[94] Anderson A R, Warren L. The entrepreneur as hero and jester: Enacting the entrepreneurial discourse [J]. International Small Business Journal, 2011, 29 (6): 589—609.

[95] Ardichvili A, Cardozo R, Ray S. A theory of entrepreneurial opportunity identification and development [J]. Journal of Business venturing, 2003, 18 (1): 105—123.

[96] Avramov D, Maskova M. Active ageing in Europe, Population Studies, 41, (1), Council of Europe, 2003.

[97] Barba - Sánchez V, Atienza - Sahuquillo C. Entrepreneurial behavior: Impact of motivation factors on decision to create a new venture [J]. Investigaciones Europeas de Dirección y Economía de la Empresa, 2012, 18 (2): 132—138.

[98] Baucus D A, Human S. E. Second - career entrepreneurs: A multiple case study analysis of entrepreneurial processes and antecedent variables [J]. Entrepreneurship Theory and Practice, 1994, 19 (2): 41—71.

[99] Barney J B. Firm resources and sustained competitive advantage [J]. Journal of Management, 1991, 17 (1): 99—120.

[100] Barringer B R, Jones F F, Neubaum D O. A quantitative content analysis of the characteristics of rapid - growth firms and their founders [J]. Journal of business venturing, 2005, 20 (5): 663—687.

[101] Batjargal B, Hitt M A, Tsui A S, et al. Institutional polycentrism, entrepreneurs' social networks, and new venture growth [J]. Academy of Management Journal, 2013, 56 (4): 1024—1049.

[102] Bandura A. Self - efficacy: toward a unifying theory of behavioral change [J]. Advances in Behaviour Research & Therapy, 1977, 1 (4): 139—161.

[103] Bandura A. Social foundations of thought and action: A social cognitive theory [M]. Prentice - hall, 1986.

[104] Barba - Sánchez, V, Atienza - Sahuquillo, C. Entrepreneurial behavior: Impact of motivation factors on decision to create a new venture [J]. Investigaciones Europeas De Direccion Y Economia De La Empresa, 2012, 18 (2): 132—138.

[105] Bass S A, Caro F G, Chen Y P. Achieving a Productive Aging Society [M]. New York: Greenwood Press, 1993.

[106] Baucus D A, Human S E. Second - career entrepreneurs: A multiple case study analysis of entrepreneurial processes and antecedent variables [J]. Entrepreneurship: Theory and Practice, 1994, 19 (2): 41—72.

[107] Baum J R, Bird B J, Singh S. The practical intelligence of entrepreneurs: Antecedents and a link with new venture growth [J]. Personnel Psychology, 2011, 64 (2): 397—425.

[108] Baum J R, Locke E A, Smith K G. A multidimensional model of venture growth [J]. Academy of management journal, 2001, 44 (2): 292—303.

[109] Benzing C, Chu H M, Kara O. Entrepreneurs in Turkey: A Factor Analysis of Motivations, Success Factors, and Problems [J]. Journal of Small Business Management, 2009, 47 (1): 58—91.

[110] Begley T M, Boyd D P. Psychological characteristics associated with performance in entrepreneurial firms and smaller businesses [J]. Journal of Business Venturing, 1987, 2 (1): 79—93.

[111] Bird B. Implementing entrepreneurial ideas: The case for intention [J]. Academy of management Review, 1988, 13 (3): 442—453.

[112] Blawatt K. Defining the entrepreneur: a conceptual model of entrepreneurship [C]. Colloque du conseil canadien de la PME et de l' entrepre-

neuriat. 1995: 13—37.

[113] Botham R, Graves A. Third age entrepreneurs: innovative business start ups in mid - life and beyond - understanding the drivers and removing the barriers [J]. Interim report to NESTA, 2009.

[114] Boyd N G, Vozikis G S. The Influence of self - efficacy on the development of entrepreneurial intentions and actions [J]. Entrepreneurship Theory & Practice, 1994, 18 (4): 63—77.

[115] Brancu L, Munteanu V, Gligor D. Study on student's motivations for entrepreneurship in Romania [J]. Procedia - Social and Behavioral Sciences, 2012, 62: 223—231.

[116] Brandtstädter J, Rothermund K. Final decentrations: personal goals, rationality perspectives, and the awareness of life's finitude [J]. European Psychologist, 2010, 15 (2): 152—163.

[117] Bruyat C, Julien P A. Defining the field of research in entrepreneurship [J]. Journal of business venturing, 2001, 16 (2): 165—180.

[118] Bunderson J S, Thompson J A. The Call of the Wild: Zookeepers, Callings, and the Double - Edged Sword of Deeply Meaningful Work [J]. Administrative Science Quarterly, 2009, 54 (1): 32—57.

[119] Burmeister - Lamp K, Lévesque M, Schade C. Are entrepreneurs influenced by risk attitude, regulatory focus or both? An experiment on entrepreneurs' time allocation [J]. Journal of Business Venturing, 2012, 27 (4): 456—476.

[120] Butler R N. The life review: An interpretation of reminiscence in the aged [J]. Psychiatry - interpersonal & Biological Processes, 1982, 26 (1): 65—76.

[121] Carr J C, Sequeira J M. Prior family business exposure as intergenerational influence and entrepreneurial intent: A theory of planned behavior approach [J]. Journal of Business Research, 2007, 60 (10): 1090—1098.

[122] Cardon M S, Foo M D, Shepherd D, et al. Exploring the heart:

Entrepreneurial emotion is a hot topic [J]. Entrepreneurship Theory and Practice, 2012, 36 (1): 1—10.

[123] Carsrud A L, Brännback M. Understanding the Entrepreneurial Mind [J]. International Studies in Entrepreneurship, 2010, 48 (3—4): 561.

[124] Carsrud A, Brännback M. Entrepreneurial motivations: what do we still need to know? [J]. Journal of Small Business Management, 2011, 49 (1): 9—26.

[125] Casson M. The entrepreneur: An economic theory [M]. Rowman & Littlefield, 1982.

[126] Cavazos D E, Patel P, Wales W. Mitigating environmental effects on new venture growth: The critical role of stakeholder integration across buyer and supplier groups [J]. Journal of Business Research, 2012, 65 (9): 1243—1250.

[127] Chaganti R, Cook R G, Smeltz W J. Effects of styles, strategies, and systems on the growth of small businesses [J]. Journal of Developmental Entrepreneurship, 2002, 7 (2): 175—192.

[128] Chan K Y, Drasgow F. Toward a theory of individual differences and leadership: understanding the motivation to lead [J]. Journal of Applied Psychology, 2001, 86 (3): 481—498.

[129] Chandler A D. Organizational capabilities and the economic history of the industrial enterprise [J]. The Journal of Economic Perspectives, 1992, 6 (3): 79—100.

[130] Chandler G N, Hanks S H. Market Attractiveness, Resource - Based Capabilities, Venture Strategies, and Venture Performance [J]. Journal of Business Venturing, 1994, 9 (4): 331—349.

[131] Chandler G N, Jansen E. The founder's self - assessed competence and venture performance [J]. Journal of Business Venturing, 1992, 7 (3): 223—236.

[132] Chaganti R, Decarolis D, Deeds. Predictors of capital structure in small ventures [J]. Entrepreneurship: Theory and Practice, 1995, 20 (2):

7—18.

[133] Charmaz. Grounded theory [M]. in Smith J A, Harre R, Langenhove L. Eds. Rethinking methods in psychology: 27—49. London: Sage, 1995.

[134] Chen C C, Greene P G, Crick A. Does entrepreneurial self - efficacy distinguish entrepreneurs from managers? [J]. Journal of Business Venturing, 1998, 13 (4): 295—316.

[135] Chinese Culture Connection. Chinese values and the search for culture - free dimensions of culture [J]. International Journal of Psychology, 1987 (18): 143—164.

[136] Chlosta S. Parental role models and the decision to become self - employed: The moderating effect of personality [J]. Small Business Economics, 2012, 38 (1): 121—138.

[137] Choi Y R, Lévesque M, Shepherd D A. When should entrepreneurs expedite or delay opportunity exploitation? [J]. Journal of business venturing, 2008, 23 (3): 333—355.

[138] Chrisman J J, Bauerschmidt A, Hofer C W. The determinants of new venture performance: An extended model [J]. Entrepreneurship Theory and Practice, 1998, 23 (1): 5—29.

[139] Christopher J. Collins, Paul J. Hanges, Edwin A. Locke. The Relationship of Achievement Motivation to Entrepreneurial Behavior: A Meta - Analysis [J]. Human Performance, 2004, 17 (1): 95—117.

[140] Ciavarella M A, Buchholtz A K, Riordan C M, et al. The big five and venture survival: Is there a linkage? [J]. Journal of Business Venturing, 2004, 19 (4): 465—483.

[141] Collins C J, Hanges P J, Locke E A. The relationship of achievement motivation to entrepreneurial behavior: a meta - analysis [J]. Human Performance, 2004, 17 (1): 95—117.

[142] Cressy R, Storey D. New Firms and Their Banks, Warwick University Business School and NatWest. 1995.

[143] Curran J, Blackburn R A. Older people and the enterprise society: age and self - employment propensities [J]. Work, Employment & Society, 2001, 15 (04): 889—902.

[144] Davidsson P. Determinants Of Entrepreneurial Intentions [J]. Innovation Und Entrepreneurship, 1995.

[145] Davidsson P. Continued Entrepreneurship: Opportunity As Determinants of Small Firm Growth [J]. Journal of business venturing, 1991.

[146] De Kok J M P, Ichou A, Verheul I. New firm performance: Does the age of founders affect employment creation [J]. Zoetermeer: EIM Research Reports, 2010, 12: 42—63.

[147] Demartino R, Barbato R. Differences between women and men MBA entrepreneurs: exploring family flexibility and wealth creation as career motivators [J]. Journal of Business Venturing, 2003, 18 (6): 815—832.

[148] Dik B J, Duffy R D. Calling and vocation at work: definitions and prospects for research and practice [J]. Counseling Psychologist, 2009, 37 (3): 424—450.

[149] Djankov S, Miguel E, Qian Y, et al. Entrepreneurship: first results from Russia [J]. Social Science Electronic Publishing, 2005.

[150] Doern R, Goss D. From barriers to barring: Why emotion matters for entrepreneurial development [J]. International Small Business Journal, 2013, 31 (5): 496—519.

[151] Dobrow S R, Tosti - Kharas J. Calling: The development of a scale measure [J]. Personnel Psychology, 2011, 64 (4): 1001—1049.

[152] Drnovsek M, Glas M. The entrepreneurial self - efficacy of nascent entrepreneurs: The case of two economies in transition [J]. Journal of Enterprising Culture, 2002, 10 (02): 107—131.

[153] Dubini P. The Influence of motivations and environment on business start - ups: Some hints for public policies [J]. Journal of Business Venturing, 1989, 4 (1): 11—26.

[154] Duffy R D, Allan B A, Dik B J. The presence of a calling and academic satisfaction: Examining potential mediators [J]. Journal of Vocational Behavior, 2011, 79 (1): 74—80.

[155] Dyer Jr W G. Toward a theory of entrepreneurial careers [J]. Entrepreneurship: Theory and Practice, 1994, 19 (2): 7—22.

[156] Eckhardt J T, Shane S A. Opportunities and entrepreneurship [J]. Journal of management, 2003, 29 (3): 333—349.

[157] Elfringt H. Networks in Entrepreneurship: The Case of High - Technology Firms [J]. Small Business Economics, 2003, 21 (4): 409—422.

[158] Erikson E H. Growth and crises of the "healthy personality" [J]. Psyche, 1953, 7 (1): 1.

[159] Espíritu - Olmos R, Sastre - Castillo M A. Personality traits versus work values: Comparing psychological theories on entrepreneurial intention [J]. Journal of Business Research, 2015, 68 (7): 1595—1598.

[160] Estrin S, Mickiewicz T. Entrepreneurship in transition economies: the role of institutions and generational change [J]. Iza Discussion Papers, 2011.

[161] Falck O, Heblich S, Luedemann E. Identity and entrepreneurship: do school peers shape entrepreneurial intentions? [J]. Small Business Economics, 2012, 39 (1): 39—59.

[162] Farhangmehr M, Gonçalves P, Sarmento M. Predicting entrepreneurial motivation among university students: The role of entrepreneurship education [J]. Education & Training, 2016, 58 (7/8): 861—881.

[163] Fatoki O O. Graduate entrepreneurial intention in South Africa: motivations and obstacles [J]. International Journal of Business and Management, 2010, 5 (9): 87—98.

[164] Fayolle A, Liñán F. The future of research on entrepreneurial intentions [J]. Journal of Business Research, 2014, 67 (5): 663—666.

[165] French J R P J, Raven B. The bases of social power [J]. University of Michigan, 1959: 150—167.

[166] Fornahl D. Entrepreneurial activities in a regional context [A]. Fornahl D, Brenner T. Cooperation, Networks and Institutions in Regional Innovation Systems [A]. Cheltenham: Edward Elgar, 2003: 38—57.

[167] Fuchs V C. Self - employment and labor force participation of older males [J]. Journal of Human Resources, 1980, 17 (3): 339—357.

[168] Gartner W B. A conceptual framework for describing the phenomenon of new venture creation [J]. Academy of management review, 1985, 10 (4): 696—706.

[169] George J M, Zhou J. When openness to experience and conscientiousness are related to creative behavior: an interactional approach [J]. Journal of Applied Psychology, 2001, 86 (3): 513—524.

[170] Gilad B, Levine P. A behavioral model of entrepreneurial supply [J]. Journal of Small Business Management, 1986, 24 (4): 45—54.

[171] Gilbert B A, McDougall P P, Audretsch D B. New venture growth: A review and extension [J]. Journal of management, 2006, 32 (6): 926—950.

[172] Glaser B G. Doing grounded theory: issues and discussions [M]. Mill Valley: Sociology Press, 1998.

[173] Glaser B G. The grounded theorypespective: conceptualisation constraced with description. Milley Valley: Sociology Press, 2001.

[174] Glaser B G. and Strauss, A. L. The discovery of Grounded Theory: Strategies for Qualitative Research [M]. New York: Aldine Publishing Company, 1967.

[175] Gohmann S F. Institutions, Latent entrepreneurship, and self - employment: An international comparison [J]. Entrepreneurship Theory & Practice, 2012, 36 (2): 295—321.

[176] Greenberger D B, Sexton D L. An interactive model of new venture initiation [J]. Journal of Small Business Management, 1988, 26 (3): 1—7.

[177] Gree A, & Thurnik C. Firm selection and industry evolution: the post country performance of new firm. Journal of Evolutionary Economics, 2003,

4 (4): 243—264.

[178] Halabinsky D, Potter J, Kautonen T. Entrepreneurial activities in Europe: Policy brief on older entrepreneurship. OECD Local Economic and Employment Development Division, 2012.

[179] Hair J F, Anderson R E, Tatham R L, et al. Multivariate Data Analysis,5th Ed [J]. All Publications, 1998: 98—99.

[180] Hart M, Anyadike - Danes M, Blackburn R. Entrepreneurship and age in the UK: Comparing third age and prime age new venture creation across the regions [J]. REnT xvIII, Copenhagen, 2004: 25—26.

[181] Hills G E, Lumpkin G T, Singh R P. Opportunity recognition: Perceptions and behaviors of entrepreneurs [J]. Frontiers of entrepreneurship research, 1997, 17 (4): 168—182.

[182] Hite J M, Hesterly W S. The evolution of firm networks: From emergence to early growth of the firm [J]. Strategic Management Journal, 2001, 22: 275—286.

[183] Hofer J, Busch H, Chasiotis A, et al. Concern for generativity and its relation to implicit pro - social power motivation, generative goals, and satisfaction with life: a cross - cultural investigation [J]. Journal of Personality, 2008, 76 (1): 1—30.

[184] Jayawarna D, Rouse J, Kitching J. Entrepreneur motivations and life course: [J]. International Small Business Journal, 2013, 31 (1): 34—56.

[185] Johannisson B. Building an entrepreneurial career in a mixed economy: need for social and business ties in personal networks [C]. Paper Presented At The Academy of Management Annual Meeting, San Francisco, 1990.

[186] Johnson B. Toward a multidimensional model of entrepreneurship: The case of achievement motivation and the entrepreneur [J]. 1990.

[187] Kautonen T. Understanding the Older Entrepreneur: Comparing Third Age and Prime Age Entrepreneurs in Finland [J]. International Journal of Business Science and Applied Management, 2008, 3 (3): 3—13.

[188] Kautonen T, Down S, South L. Enterprise support for older entrepreneurs: The case of PRIME in the UK [J]. International Journal of Entrepreneurial Behavior & Research, 2008, 14 (2): 85—101.

[189] Kautonen T, Luoto S, and Tornikoski E. Influence of Work History on Entrepreneurial Intentions in Prime Age and Third Age: A Preliminary Study [J]. International Small Business Journal, 2010, 28 (6): 583—601.

[190] Kautonen T, Tornikoski E T, Kibler E. Entrepreneurial intentions in the third age: the impact of perceived age norms [J]. Small business economics, 2011, 37 (2): 219—234.

[191] Kazanjian R K, Drazin R. A stage - contingent model of design and growth for technology based new ventures [J]. Journal of business venturing, 1990, 5 (3): 137—150.

[192] Kerr G. The motivations, business satisfaction and commitment of career and later - life older entrepreneurs [J]. 2017, 29 (2): 1—16.

[193] Kessler A. and Frank H. Nascent entrepreneurship in a longitudinal perspective - The impact of person, environment, resources and the founding process on the decision to start business activities [J]. International Small Business Journal, 2009, 27 (6): 720—742.

[194] Kickul J, Kickul G. E - learning challenges and processes: Understanding the role of student self - efficacy and learning goal orientation [J]. International Journal of Management Education, 2004: 4.

[195] Kibler E, Wainwright T, Kautonen T, et al. (Work) life after work: understanding barriers to older entrepreneurship in London [C] //ICSB World Conference Proceedings. International Council for Small Business (ICSB), 2011: 1.

[196] Kibler E, Wainwright T, Kautonen T, et al. (Work) life after work?: Older entrepreneurship in London - motivations and barriers [J]. 2012.

[197] Kim P H, Aldrich H E, Keister L A. Access (Not) Denied: The Impact of Financial, Human, and Cultural Capital on Entrepreneurial Entryin

the United States [J]. Small Business Economics, 2006, 27 (1): 5—22.

[198] Kim S W, Price J L, Mueller C W, et al. The determinants of career intent among physicians at a U. S. Air Force hospital [J]. Human Relations, 1996, 49 (7): 947—976.

[199] Kinsella K G, Phillips D R. Global aging: The challenge of success [M]. Washington: Population Reference Bureau, 2005.

[200] Kirchhoff B A. Entrepreneurship's Contribution to Economics [J]. Entrepreneurship Theory & Practice, 1991, 16 (2): 93—112.

[201] Kirchhoff B A, Phillips B D. The effect of firm formation and growth on job creation in the United States [J]. Journal of Business Venturing, 1988, 3 (4): 261—272.

[202] Kotre J N. Outliving the self: generativity and the interpretation of lives [M]. Baltimore: Johns Hopkins University Press, 1984.

[203] Krueger N F, Carsrud A L. Entrepreneurial intentions: applying the theory of planned behaviour [J]. Entrepreneurship & Regional Development, 1993, 5 (4): 315—330.

[204] Kuratko D F, Hornsby J S, Naffziger D W. An examination of owner's goals in sustaining entrepreneurship [J]. Journal of small business management, 1997, 35 (1): 24.

[205] Kuratko D F, LaFollette W R. Small business incubators for local economic development [J]. Economic Development Review, 1987, 5 (2): 49.

[206] Kurek S, Rachwał T. Development of entrepreneurship in ageing populations of The European Union [J]. Procedia – Social and Behavioral Sciences, 2011, 19: 397—405.

[207] Lachman M E. Introduction. In M. E. Lachman (Ed.), Handbook of midlife development [M]. New York: Wiley, 2001.

[208] Lachman M E. Development in midlife [J]. Annual Review of Psychology, 2004, 55: 305—331.

[209] Langevang T, Namatovu R, Dawa S. Beyond necessity and oppor-

tunity entrepreneurship: motivations and aspirations of young entrepreneurs in Uganda [J]. International Development Planning Review, 2015, 34 (4): 439—460.

[210] LeCornu M R, McMahon R G P, Forsaith D M, et al. The Small Enterprise Financial Objective Function [J]. Journal of Small Business Management, 1996, 34 (3): 1—14.

[211] Lee C, Lee K, Pennings J M. Internal capabilities, external networks, and performance: a study on technology - based ventures [J]. Strategic management journal, 2001, 22 (6 - 7): 615—640.

[212] Lewis K, Walker E. Third age self - employment: A business assistance perspective [J]. Journal of Small Business and Enterprise Development, 2013, 20 (2): 399—419.

[213] Lévesque M, Minniti M. The effect of aging on entrepreneurial behavior [J]. Journal of Business Venturing, 2006, 21 (2): 177—194.

[214] Lévesque M, Minniti M. Age matters: how demographics influence aggregate entrepreneurship [J]. Strategic Entrepreneurship Journal, 2011, 5 (3): 269—284.

[215] MacMillan I C. To really learn about entrepreneurship, let's study habitual entrepreneurs [J]. Journal of Business Venturing, 1986, 1: 241—243.

[216] Mallett O, Wapshott R. Making sense of self - employment in late career: understanding the identity work of olderpreneurs [J]. Work, Employment & Society, 2015, 29 (2): 250—266.

[217] Markman G D, Baron R A, Balkin D B. Are Perseverance and Self - Efficacy Costless? Assessing Entrepreneurs' Regretful Thinking [J]. Journal of Organizational Behavior, 2005, 26 (1): 1—19.

[218] Marks N F, Bumpass L L, Jun H. Family Roles and Well - Being during the Middle Life Course. In O. G. Brim, C. D. Ryff, and R. C. Kessler (Eds.), How healthy are we? A national study of well - being at midlife [M]. Chicago: University of Chicago Press. 2004: 514—549.

[219] Marianne Schmid Mast, Hall J A, Schmid P C. Wanting to be boss and wanting to be subordinate: Effects on performance motivation [J]. Journal of Applied Social Psychology, 2010, 40 (2): 458—472.

[220] Matos C S, Amaral M, & Baptista R. Senior entrepreneurship: A selective review and a research agenda [J]. Foundations and Trends in Entrepreneurship, 2018, 14 (5): 1—128.

[221] Matricano D. Grey vs. young entrepreneurs: Are they really that different in terms of entrepreneurial intentions? Empirical evidence from Italy [J]. International Journal of Business and Management, 2018, 13 (2): 76—86.

[222] Mazzarol T, Volery T, Doss N, et al. Factors influencing small business start - ups: a comparison with previous research [J]. International Journal of Entrepreneurial Behavior & Research, 1999, 5 (2): 48—63.

[223] Mcadams D P, Diamond A, Ed D S A, et al. Stories of commitment: The psychosocial construction of generative lives [J]. Journal of Personality & Social Psychology, 1997, 72 (3): 678—694.

[224] McDougall P P, Covin J G, Robinson R B, and Herron L. The effects of industry growth and strategic breadth on new venture performance and strategy content [J]. Strategic Management Journal, 1994, (15): 537—554.

[225] McClelland D C, Atkinson J W, Clark R A, et al. The Achievement Motive [M]. New York: Appleton - Century - Crofts, 1953.

[226] McClelland D C, Boyatzis R E. Leadership motive pattern and long - term success in management [J]. Journal of Applied Psychology, 1982, 67 (6): 737—743.

[227] McClelland D C, Burnham D H. Power is the great motivator [J]. Harvard business review, 1976, 54 (2): 100 - 110.

[228] McClelland D C. Motivational factors in health and disease [J]. American Psychologist, 1989, 44 (4): 675—683.

[229] McClelland D C. Business drive and national achievement [J]. Harvard Business Review, 1962, 40 (4): 99—112.

[230] McClelland D C. Characteristics of Successful Entrepreneurs [J]. Journal of Creative Behavior, 1987, 21 (3): 219—233.

[231] McCrae R R. Creativity, divergent thinking, and openness to experience. Journal of Personality and Social Psychology, 1987, 52 (6): 1258—1265.

[232] McKay R. Women entrepreneurs: moving beyond family and flexibility [J]. International Journal of Entrepreneurial Behavior & Research, 2001, 7 (4): 148—165.

[233] Morrow – Howell N. Productive aging: concepts and challenges [M]. Baltimore: The Johns Hopkins University Press, 2001.

[234] Mueller P. Entrepreneurship in the Region: Breeding Ground for Nascent Entrepreneurs? [J]. Small Business Economics, 2006, 27 (1): 41—58.

[235] Mueller S L, Thomas A S. Culture and entrepreneurial potential: A nine country study of locus of control and innovativeness [J]. Journal of Business Venturing, 2000, 16 (1): 51—75.

[236] Mui A C "Productive ageing in China: a human capital perspective". In Morrow – Howell, N. and Mui, A. C. (Eds) Productive Engagement in Later Life: a Global Perspective. London? and New York: Routledge, 2012.

[237] Oksenberg L, Cannell C, Kalton G. New strategies for pretesting survey questions [J]. Journal of Official Statistics, 1991, 7 (3): 349—365.

[238] Olomi D R. Entrepreneurial motivation in a developing country context: incidents antecedents and consequences of growth – seeking behaviour among Tanzanian owner – managers [D]. University of Dar es Salaam, 2001.

[239] Olson P D, Bosserman D A. Attributes of the entrepreneurial type [J]. Business Horizons, 1984, 27 (3): 53—56.

[240] Parker S C & Rougier J C. The retirement behaviour of the self – employed in Britain [J]. Applied Economics, 2007, 39 (6): 697—713.

[241] Penrose E T. The Theory of the Growth of the Firm [M]. Oxford University Press, USA, 1995.

[242] Peterson B E, Stewart A J. Generativity and social motives in young adults [J]. Journal of Personality & Social Psychology, 1993, 65 (1): 186—198.

[243] Pilkova A, Holienka M, Rehak J. older entrepreneurship in the perspective of European entrepreneurial environment. Procedia Economics and Finance, 2014, (12): 523 -532.

[244] Pistrui D, Huang W, Oksoy D, Zhao J, and Welsch, H. The Characteristics and Attributes of New Chinese Entrepreneurs and Their Emerging Enterprises. Business Forum, 2001, 24 (3—4): 31—39.

[245] Podoynitsyna K, Van der Bij H, Song M. The role of mixed emotions in the risk perception of novice and serial entrepreneurs [J]. Entrepreneurship Theory and Practice, 2012, 36 (1): 115—140.

[246] Ponton R, Brown T, Mcdonnell B, et al. Vocational perception: A mixed - method investigation of calling [J]. The Psychologist - Manager Journal, 2014, 17 (3): 182—204.

[247] Porcellato L, Carmichael F, Hulme C, et al. Giving older workers a voice: constraints on the employment of older people in the North West of England [J]. Work, Employment and Society, 2010, 24 (1): 85—103.

[248] Praag C M V, Versloot P H. What is the value of entrepreneurship? A review of recent research [J]. Small Business Economics, 2007, 29 (4): 351—382.

[249] PRIME. Olderpreneur outcomes revisited - A follow - up study of what happened to people aged over 50 who contacted PRIME about starting a business, PRIME Report, September, 2010.

[250] Rey - Martí A, Porcar A T, Mas - Tur A. Linking female entrepreneurs' motivation to business survival [J]. Journal of Business Research, 2015, 68 (4): 810—814.

[251] Reynolds P, Bosma N, Autio E, et al. Global entrepreneurship monitor: data collection design and implementation 1998—2003 [J]. Small Busi-

ness Economics, 2002, 24 (3): 205—231.

[252] Rindova V, Barry D & Ketchen D J. Introduction to special topic forum: Entrepreneuring as emancipation. Academy of Management Review, 2009, 34 (3): 477—491.

[253] Robichaud Y, Mcgraw E, Roger A. Toward the development of a measuring instrument for entrepreneurial motivation [J]. Journal of developmental entrepreneurship, 2001, 6 (2): 189—201.

[254] Robinson K C. An examination of the influence of industry structure on eight alternative measures of new venture performance for high potential independent new ventures [J]. Journal of Business Venturing, 1999, 14 (2): 165—187.

[255] Roper S, Scott J M. Perceived financial barriers and the start - up decision an econometric analysis of gender differences using GEM data [J]. International Small Business Journal, 2009, 27 (2): 149—171.

[256] Rotefoss B, Kolvereid L. Aspiring, nascent and fledgling entrepreneurs: An investigation of the business start - up process [J]. Entrepreneurship & Regional Development, 2005, 17 (2): 109—127.

[257] Rouse J. Enterprise, identity and structure: A longitudinal analysis of youth enterprise experiences [D]. Ph. D thesis, Kingston University, 2004.

[258] Rouse J. Entrepreneur labour capacity embedded in the TSO in the micro - enterprise household [C]. Paper presented at the Institute of Small Business and Entrepreneurship Conference, London, 2010.

[259] Samuelsson M, Davidsson P. Does venture opportunity variation matter? Investigating systematic process differences between innovative and imitative new ventures [J]. Small Business Economics, 2009, 33 (2): 229—255.

[260] Sandberg W R, Hofer C W. Improving new venture performance: The role of strategy, industry structure, and the entrepreneur [J]. Journal of Business venturing, 1987, 2 (1): 5—28.

[261] Say P Y A, Patrickson M. Switching to entrepreneurship in mid ca-

reer: A Singaporean perspective [J]. Journal of Enterprising Culture, 2012, 20 (2): 119—149.

[262] Schoonhoven C B, Romanelli E. The entrepreneurship dynamic: Origins of entrepreneurship and the evolution of industries [M]. Stanford University Press, 2001.

[263] Shane S. A general theory of entrepreneurship: The individual - opportunity nexus [M]. Edward Elgar Publishing, 2003.

[264] Shane S, Kolvereid L, Westhead P. An exploratory examination of the reasons leading to new firm formation across country and gender [J]. Journal of Business Venturing, 1991, 6 (6): 431—446.

[265] Shane S, Locke E A, Collins C J. Entrepreneurial motivation [J]. Human Resource Management Review, 2003, 13 (2): 257—279.

[266] Shane S, Venkataraman S. The promise of entrepreneurship as a field of research [J]. Academy of management review, 2000, 25 (1): 217—226.

[267] Sharma L, Madan P. Affect of perceived barriers to entrepreneurship on the career choice decision of students: A study of Uttarakhand state, India [J]. Business & Economic Horizons, 2013, 9 (2): 23—33.

[268] Shepherd D A, Detienne D R. Prior Knowledge, Potential Financial Reward, and Opportunity Identification [J]. Entrepreneurship Theory & Practice, 2005, 29 (1): 91—112.

[269] Singh G, DeNoble A. Early retirees as the next generation of entrepreneurs [J]. Entrepreneurship theory and practice, 2003, 27 (3): 207—226.

[270] Slevin D P, Covin J G. Creating and maintaining high - performance teams [J]. The State of the Art of Entrepreneurship. Boston, MA: PWS - Kent Publishing Company, 1992: 358—386.

[271] Solymossy E. Motivation and Success: an empirical study of the push/pull paradigm [J]. Review Journal of Business Venturing, 1996.

[272] Solymossy E. Push/pull motivation: Does it matter in venture per-

formance [J]. Frontiers of entrepreneurship research, 1997, 17 (5): 204—217.

[273] Staniewski M. Youth attitude to entrepreneurship and hope for success. Case of polish students [C]. //SAIMS 2009 Conference Business Management discourse in the new millennium: Challenges and opportunities. Port Elizabeth, South Africa, September. 2009: 13—16.

[274] Staniewski M, Awruk K. Motivating factors and barriers in the commencement of one's own business for potential entrepreneurs [J]. Economic Research - Ekonomska Istraživanja, 2015, 28 (1): 583—592.

[275] Sternberg R. Regional Dimensions of Entrepreneurship [J]. Social Science Electronic Publishing, 2009, 5 (4): 211—340.

[276] Stokes D, Blackburn R. Learning the hard way: the lessons of owner - managers who have closed their businesses [J]. Journal of small business and enterprise development, 2002, 9 (1): 17—27.

[277] Storey D J. Understanding the Small Business Sector [J]. London: Routledge, 1994.

[278] Strauss A L. Qualitative analysis for social scientists [M]. Cambridge University Press, 1987.

[279] Strauss A L, Corbin J M. Grounded Theory in Practice: A Collection of Readings [J]. 1997.

[280] Suzuki K I, Kim S H, Bae Z T. Entrepreneurship in Japan and silicon valley: a comparative study [J]. Technovaton, 2002, 22 (10): 595—606.

[281] Swierczek F W, Ha T T. Entrepreneurial orientation, uncertainty avoidance and firm performance: an analysis of Thai and Vietnamese SMEs. International Journal of Entrepreneurship and Innovation, 2003, 4 (1): 46—58.

[282] Taormina R J, Kin - Mei Lao S. Measuring Chinese entrepreneurial motivation: Personality and environmental influences [J]. International Journal of Entrepreneurial Behavior & Research, 2007, 13 (4): 200—221.

[283] Tang J, Murphy P J. Prior Knowledge and New Product and Service Introductions by Entrepreneurial Firms: The Mediating Role of Technological Innovation [J]. Journal of Small Business Management, 2012, 50 (1): 41—62.

[284] Thakur S P. Size of investment, opportunity choice and human resources in new venture growth: Some typologies [J]. Journal of Business Venturing, 1999, 14 (3): 283—309.

[285] Thurik R, Verheul I, Grilo I, et al. Explaining Engagement Levels of Opportunity and Necessity Entrepreneurs [J]. Scales Research Reports, 2006.

[286] Tihanyi L, Ellstrand A E, Daily C M, et al. Composition of the top management team and firm international diversification [J]. Journal of Management, 2000, 26 (6): 1157—1177.

[287] Timmons, J. A. New Venture Creation; Entrepreneurship for the 21st Century. Sydney: Irwin. 1994.

[288] Turker D, Selcuk S S. Which factors affect entrepreneurial intention of university students? [J]. Journal of European Industrial Training, 2009, 33 (2): 142—159.

[289] Twenge J M, Campbell W K, Freeman E C. Generational differences in young adults' life goals, concern for others, and civic orientation, 1966 - 2009 [J]. J Pers Soc Psychol, 2012, 102 (5): 1045—1062.

[290] Ucbasaran D, Wright M, Westhead P. A longitudinal study of habitual entrepreneurs: starters and acquirers [J]. Entrepreneurship & Regional Development, 2003, 15 (3): 207—228.

[291] Uzzi B. The sources and consequences of embeddedness for the economic performance of organizations: The network effect [J]. American sociological review, 1996, 61 (4): 674—698.

[292] Wagner K, & Ziltener A. The nascent entrepreneur at the crossroads: Entrepreneurial motives as determinants for different type of entrepreneurs [C]. Discussion Papers on Entrepreneurship and Innovation. Chur: Swiss Institute for Entrepreneurship, 2008.

[293] Wainwright T, Kibler E, Kautonen T, et al. One size does not fit all: uncovering older entrepreneur diversity through motivations, emotions and mentoring needs [M]. //Entrepreneurship, self – employment and retirement. Palgrave Macmillan, London, 2015: 42—66.

[294] Weber P, Schaper M. Understanding the grey entrepreneur [J]. Journal of enterprising culture, 2004, 12 (02): 147—164.

[295] Weiss L A. Start – up businesses: A comparison of performances [J]. Sloan Management Review, 1981, 23 (1): 37—53.

[296] Welter F. Contextualizing entrepreneurship – conceptual challenges and ways forward [J]. Entrepreneurship Theory and Practice, 2011, 35 (1): 165—184.

[297] Westhead P, Wright M. Novice, portfolio, and serial founders: are they different? [J]. Journal of business venturing, 1998, 13 (3): 173—204.

[298] Wiklund J, Davidsson P, Delmar F. What Do They Think and Feel about Growth? An Expectancy – Value Approach to Small Business Managers Attitudes Toward Growth [J]. Entrepreneurship Theory & Practice, 2003, 27 (3): 247—270.

[299] Wilson F, Kickul J, Marlino D. Gender, Entrepreneurial Self – Efficacy, and Entrepreneurial Career Intentions: Implications for Entrepreneurship Education [J]. Entrepreneurship Theory & Practice, 2007, 31 (3): 387—406.

[300] Winter S G. The satisfying principle in capability learning [J]. Strategic ManagementJoumal, 2000 (21): 981—996.

[301] Zahra S A. Technology strategy and new venture performance: a study of corporate – sponsored and independent biotechnology ventures [J]. Journal of business venturing, 1996, 11 (4): 289—321.

[302] Zhang T. Elderly Entrepreneurship in an Aging U. S. Economy: It's Never Too Late [M]. World Scientific, 2008.

[303] Zhang J, Fan Y, Zhang X. The Role of Power Motivation in Creativ-

ity: A Moderated Mediation Model [J]. Social Behavior & Personality, 2015, 43 (4): 613—628.

[304] Zhu Y, Collins A, Xu, Z X. Achieving aging well through senior entrepreneurship: a three - country empirical study [J]. Small Business Economics, 2021, (10): 1—25.

[305] Zissimopoulos J M, Karoly L A. Transitions to self - employment at older ages: The role of wealth, health, health insurance and other factors [J]. Labour Economics, 2007, 14 (2): 269—295.

[306] Zolin R. Older entrepreneurs: Do they work smarter or harder? [C] //ACERE 2015: Australian Centre for Entrepreneurship Research Exchange Conference 2015. 2015: 1091—1103.